Conhece-te e Conhecerás o Teu Poder

Obra lançada em 1992, revista e ampliada em 2001 e atualizada com a nova ortografia em maio de 2012.
Capa: Andrey Lamberty

T814c Trevisan, Lauro
Conhece-te e conhecerás o teu poder / Lauro Trevisan. – 24. ed. – Santa Maria : Editora da Mente, 2012.
224 p.

Atualizado em nova ortografia.

ISBN: 978-85-7151-0121

1. Psicologia 2. Auto-ajuda 3. Motivação I. título

CDU 159.962.7

Ficha elaborada por Eunice de Olivera, CRB 10-1491

EDITORA DA MENTE

Pedidos: Editora e Distribuidora da Mente Ltda
Rua Tuiuti, 1677
97015-663 - Santa Maria - RS - Brasil
Fone: (0xx55) 3223.0202 - Fax: (0xx55) 3221.7184
Site da Editora: www.editoradamente.com.br
e-mail da Editora: mente@editoradamente.com.br
Site do Autor: www.laurotrevisan.com.br
e-mail do Autor: laurotr@uol.com.br

Lauro Trevisan

CONHECE-TE E CONHECERÁS O TEU PODER

Atualizado com nova ortografia

24ª Edição

Santa Maria - RS
Editora da Mente
2012

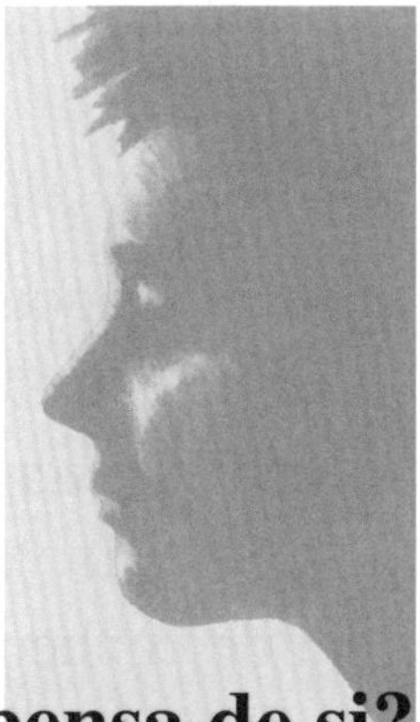

O que você pensa de si?

Há uma história sufi em que perguntaram a Shibli:

- Mestre, quem o guiou ao Caminho?

- Um cão - respondeu ele. - Um dia, eu vi um cão, quase morto de sede, parado à beira de um lago. Cada vez que o animal ia tentar beber água, via seu reflexo, se assustava e recuava, pois imaginava que lá havia outro cachorro. Finalmente, quando já não suportava mais a sede, o cão superou o medo e se atirou na água. No mesmo instante "o outro cão" desapareceu. Ele descobriu que o obstáculo entre ele e aquilo que buscava, era ele mesmo.

Espero que você não esteja tomado de medo de si mesmo.

Abandone, desde já, velhos preceitos, preconceitos e hábitos do passado, que sempre diminuíram sua verdadeira realidade.

Lembro uma frase do ex-presidente egípcio Anwar Sadat:

"Nada é mais importante do que conhecer-se a si mesmo. Depois que consegui saber o que queria e me livrar do que não queria, reconciliei-me comigo mesmo e aprendi a viver em paz em minha própria companhia".

Sei que você é muito inteligente e tem larga bagagem de conhecimentos, em seu currículo, mas que isso não o impeça de entrar nessa aventura maravilhosa, que lhe abrirá novos caminhos de felicidade, de sucesso e de saúde.

Contam que, certa vez, viajavam de avião três passageiros: o presidente da República, o homem mais inteligente do mundo e um escoteiro. Lá pelas tantas, o piloto avisou que o avião estava caindo e que, infelizmente, só havia três paraquedas. O presidente avisou que era a pessoa mais importante do grupo e pegou um paraquedas e saltou. O homem mais inteligente do mundo alegou que sua vida era necessária para o bem da humanidade, tomou um outro paraquedas e jogou-se do avião.

O piloto, então, comentou, apreensivo:

- E agora? Só temos um paraquedas. Quem vai salvar-se?

O escoteiro respondeu:

- Não se preocupe. O homem mais inteligente do mundo saltou com a minha mochila!

É bom você refletir duas vezes antes de achar que já sabe tudo. Por via das dúvidas, siga a leitura, com alegria e determinação, que nada é mais essencial do que o autoconhecimento.

QUEM É VOCÊ

Seria triste se o gato se considerasse rato e o rato se imaginasse cachorro e o cachorro se supusesse macaco e o eucalipto vivesse como cipreste.

Seria o colapso da realidade.

E você, quem é e quem pensa que é?

Se está longe de si, como pode saber quem é?

Se não sabe quem é, como pode realizar-se na vida?

Grande parte dos homens só conhece a própria sombra.

Chegou a hora de descobrir sua verdadeira realidade.

Comece, neste instante, a fantástica aventura da sua autodescoberta.

Ficará fascinado com as maravilhas que existem em si e cavalgará as impressionantes dimensões do seu microcosmo.

Aqui você saberá sobre seu corpo, sua mente, seu espírito, seu coração afetivo, sobre os fenômenos da sua vida, sobre a sua grandeza divina e sentir-se-á uno com a humanidade, com o universo e com Deus.

Aqui você se encontrará consigo mesmo e ver-se-á na sua realidade total, desde a dimensão material até os ilimites do seu infinito.

Aqui você se mostrará sem fronteiras, sem barreiras e sem preconceitos.

Ao fechar as páginas deste livro, por certo beijará a sua própria face com carinho e reverência, pois passará a conviver com o ser mais belo e grandioso do universo: você mesmo.

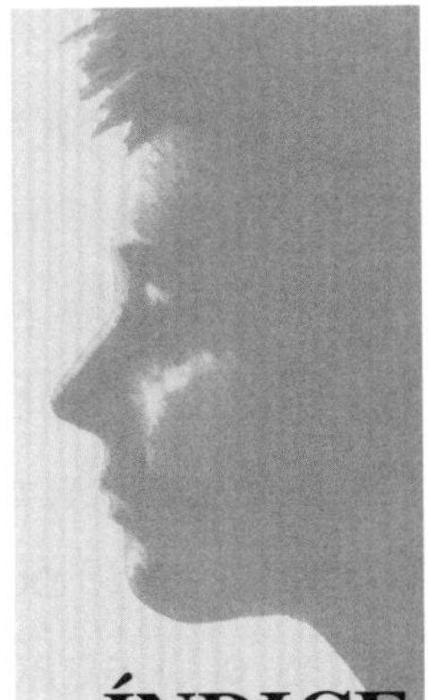

ÍNDICE

Capítulo 3

A DIMENSÃO DA MENTE

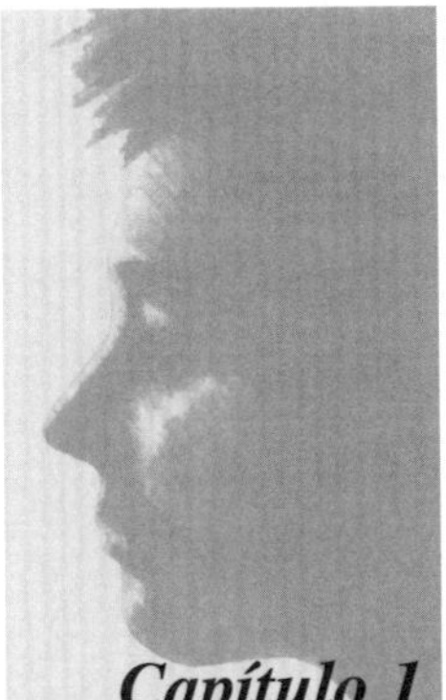

Capítulo 1

A descoberta de si mesmo

O ser humano é a única criatura do universo que tem capacidade de saber sobre si mesmo e estabelecer relação com o mundo exterior.

Por outras palavras, ele sabe que sabe, tem conhecimento do seu conhecimento.

Pela autorreflexão, tem consciência de si, sabe de si mesmo.

Este é um privilégio único na história da criação do mundo.

As plantas, os animais e as aves existem, processam o seu existir, mas não têm condições de refletir sobre sua existência.

Se o gorila pudesse dizer "eu sou um gorila", seria gente.

Segundo a bíblia, Deus, depois de criar a luz, o sol, as estrelas, as águas, a terra, as plantas, os animais, as aves, os peixes, enfim todos os seres do universo, fez o ser humano à sua imagem e semelhança.

Aqui se situa a raiz da questão: o que não é conhecido não traz proveito.

Ser imagem e semelhança de Deus significa pertencer à espécie divina. Um ser da espécie divina é dotado de sabedoria, poder, imortalidade e felicidade.

Jesus foi ousado e claro quando, citando a bíblia, disse: "Vós sois deuses".

A divindade é característica inalienável do ser humano.

Nos meus tempos de ginásio, aprendi que o homem é um animal racional. A definição parava aí mesmo. Sem dúvida, uma visão por demais precária, que sequer alcança a dimensão mais importante da criatura humana.

Seria o mesmo que dizer que o cavalo é um animal de quatro patas.

Exatamente porque não se conhece na sua dimensão total, o homem julga-se pequeno, limitado, perdido no universo, sujeito a forças incontroláveis e estranhas.

Sonha alto, mas imagina que são apenas sonhos que nunca acontecem.

Deseja o amor, mas entende que amar é questão de sorte.

Procura o bem-estar, mas admite que nem sempre pode consegui-lo.

Busca Deus, mas o vê inatingível, além das nuvens.

Persegue a felicidade, mas se lhe afigura uma miragem.

Anseia a imortalidade, mas se desilude com a precariedade da vida.

Conformado com tantas frustrações, sofrimentos e misérias, entregou as armas e filosofou que o homem é isso mesmo. Nada mais que animal racional. Alguém que olha para as estrelas, mas vive preso ao chão.

Este ser humano, abatido por desgraças seculares, desconhecedor de si mesmo, andou errante durante milênios pelos desertos de um mundo que não era o seu.

No fundo, sabia da existência de uma terra prometida, mas nunca chegou lá.

Ouvira falar de um mundo feliz, mas concluiu tratar-se de mera utopia.

Afundou-se a tal ponto no submundo da vida, que perdeu a própria identidade.

E saiu pelos caminhos afora, como mendigo de si mesmo, a indagar nas esquinas da filosofia:

- Por favor, você sabe quem sou eu?

Este sempre foi o grito de todo ser humano.

Gnothi Seauton – conhece-te a ti mesmo - insistia o filósofo grego Sócrates.

Nosce te ipsum – conhece-te a ti mesmo - recomendava a sabedoria latina.

Nihil vólitum nisi praecognitum – diziam os antigos. Quer dizer: ninguém deseja e nem ama o que não conhece.

Aqui se situa a raiz da questão: o que não é conhecido não traz proveito.

O ser humano, desconhecendo-se, vive em estado de angústia e confusão. Não sabendo de si, não sabe extrair valores, qualidades e grandezas. Não sabendo de si, vive no exílio, como o povo eleito na escravidão do Egito.

Torna-se, pois, urgente, supremamente urgente, que você saiba de si, para ser o que, na verdade, é. Até o ouro tem sido desprezado na África enquanto as tribos não lhe conheciam o valor.

Quanto maior o distanciamento entre o indivíduo e sua realidade, tanto maior será a desgraça da vida.

Sem o autoconhecimento, fica difícil alguém superar as agruras do seu dia a dia.

Torna-se, pois, urgente, supremamente urgente, que você saiba de si, para ser o que, na verdade, é.

Até o ouro tem sido desprezado na África enquanto as tribos não lhe conheciam o valor.

A águia criada como galinha não deixará de agir como galinha enquanto não souber da sua capacidade de voar pela amplidão do céu.

Infelizmente, são muitos os que vivem afundados na própria ignorância e, considerando-se de posse da verdade existencial, exclamam com certo enfado:

- Eu sou o que sou, ora!

Fazem-me lembrar o título de um livro do filósofo Alexis Carrel: “O homem, esse desconhecido”.

A GRANDE PERGUNTA

Três perguntas essenciais são feitas desde os primórdios da humanidade: Quem sou eu? De onde vim? Para onde vou?

A principal, sem dúvida, é esta: Quem sou eu?

Certa vez, escrevi uma poesia que começa traçando esta histórica questão:

Eu olho as pedras do morro,
Eu olho os troncos e as flores,
Eu olho as luzes e as cores
Que Deus nos céus acendeu...
Eu olho as águas dos rios,
Eu olho as ruas e estradas,
Eu olho as casas pintadas
E pergunto: QUEM SOU EU?

Eu olho os bichos da terra,
Eu olho os peixes do mar,
Eu olho as aves no ar
E tudo que Deus nos deu...
Eu olho os sonhos que morrem
Em meio aos sonhos que ocorrem
E questiono: Quem sou eu?

Eu olho o mundo que ferve
Em todos cantos da terra,
Ao som da paz ou da guerra,
Na confusão que se vê...
Eu olho as gentes que andam
Pelas ruas, nas calçadas,
Nas praças e nas sacadas,
E penso: QUEM É VOCÊ?
Quem é você neste mundo?
Será uma estrela perdida,
Brilhando aqui nesta vida
Sem dar-se conta por quê?
Ou será um ser obscuro,
Menor do que o pó da estrada,
Nada...mil vezes nada...
Mas, enfim, QUEM É VOCÊ?

AS MANEIRAS DE DEFINIR-SE

Quem é você? Quem sou eu?

Existem muitas respostas para a grande questão existencial.

Há aqueles que nada sabem de si e repetem o que os outros dizem.

São como aquela historinha que aconteceu numa aula de catecismo. A professora, depois de longa preleção sobre Deus, perguntou a um irrequieto garoto:

- João, onde está Deus?

- No banheiro da minha casa – respondeu o menino.

A professora espantou-se com a resposta:

- No banheiro?! Por quê?

- Porque todas as manhãs, quando a minha mãe tenta abrir a porta do banheiro, sempre diz: "Meu Deus, você ainda está aí"?

Muitos creem que o homem existe na terra para uma finalidade, mas não conseguem lembrar-se qual é.

A mestra riu e levou a pergunta a uma aluna:

- Luizete, onde está Deus?

- No céu e na terra.

- Lucas, onde está Deus?

- No céu e na terra da Luizete.

Assim age muita gente. Se alguém disser que é grão de areia, repete que é grão de areia. Se afirmarem que o homem é perdiz extraviada no campo, usará a mesma frase.

Dizia aquele sujeito: "Eu sou o que sou, porém só sou o que sou quando sou, quer dizer, nunca sou o que sou, mas não posso deixar de ser o que sou".

Dizem que o primeiro homem que deu um nó na gravata o fez para se lembrar de alguma coisa e, ainda hoje, estamos para saber o que era.

Muitos creem que o homem existe na terra para uma finalidade, mas não conseguem lembrar-se qual é.

Peça a uma pessoa para definir o ser humano e provavelmente o fará tomando como pressuposto sua própria vida: se é pessoa ignorante e triste, poderá dizer que o homem é um ser condenado a carregar a sua própria desgraça; se é pessoa divertida, explicará que a vida é um circo e o homem um alegre palhaço.

Indague a um ranzinza sobre quem ele é e ouvirá uma bronca:

- Eu sou o que sou e ninguém tem nada a ver com isso.

O ser humano é mais do que aquilo que está acontecendo com ele.

Cada um busca definir-se de acordo com o seu invólucro mental. Define-se pelo que pensa que é e pelo que lhe aconteceu. Ora, essa é uma definição limitada à situação existencial: se está vencendo na vida, diz que o homem é um ser vitorioso; se vai indo de mal a pior, afirma que o homem é um fracasso ambulante. Se está doente, admite que o ser humano é sessenta quilos de sofrimento até que a morte o carregue. Se está apaixonado, declarará que toda pessoa é um vulcão de amor explodindo nos braços da pessoa amada. Se for um penitente, poderá refletir que o homem é pecado e nada mais. Se asceta, dominado pela imagem da sua pequenez diante de Deus, talvez ponderará que é pó da terra ou verme rastejante.

Na realidade cotidiana da vida, nós somos o que pensamos.

O mundo mental, formado pela cultura, pelo aprendizado, pelas crenças, pelos costumes, pelas tradições, pelas experiências, pela meditação, cria os parâmetros da autodefinição. Normalmente, a pessoa se define de acordo com os padrões dos seus pensamentos, sentimentos e experiências.

Mas, esta é uma maneira subjetiva e irreal de definir o ser humano. Alguém pode estar apenas tocando a sua própria sombra e dirá que o homem não passa de uma sombra. Outros poderão fixar-se no passado e dirão que o homem é a soma do que lhes aconteceu.

Definir-se de acordo com as aparências é como querer ver, à noite, num quarto escuro, um gato preto que não está lá.

A VERDADEIRA BUSCA

Há dois tipos mais comuns de definição do ser humano: a primeira expressa o indivíduo na sua situação atual: a pessoa é o que está acontecendo na sua vida; vê-se como consequência do seu pensar e agir; a segunda busca a verdadeira identidade da criatura humana; transcende o aqui e agora e cuida de ver o homem em toda a sua legítima e plena dimensão.

> *Você é mais do que se imagina.*

A primeira se fixa na realidade; a segunda entra na essência.

A primeira é baseada na individualidade; a segunda abrange o todo.

A definição do homem, em si, não se detém no transitório. Se você está com a perna quebrada, não vai pretender definir o homem como um animal racional de perna quebrada.

É verdade que você é o resultado dos seus pensamentos, como também é verdade que, na medida em que mudar os padrões de pensamentos, mudar-se-á a sua vida. Sim, o mundo que faz a sua mente, faz a sua realidade existencial. De acordo.

Mas, aqui, não estou querendo saber quem é você como indivíduo. Estou buscando a definição essencial do ser humano.

A definição do homem, em si, não se detém no transitório. Se você está com a perna quebrada, não vai pretender definir o homem como um animal racional de perna quebrada.

Quais são as características universais da criatura humana? Temos que buscá-las, pois são essas características que fazem a definição perfeita.

A VERDADEIRA DEFINIÇÃO

O ser humano, na sua dimensão total, deve ser definido assim:

Animal mental espiritual divino, em comunhão com a humanidade, o universo e Deus.

É tudo isso e isso é tudo, nada mais, nada menos.

Portanto, a classificação do homem, dentro do concerto geral da criação, obedece a quatro aspectos essenciais: animal, mental, espiritual, divino.

A dimensão humana vai desde o corpo, também denominado às vezes como animal, pó, matéria, até o divino, que determina sua realidade mais alta.

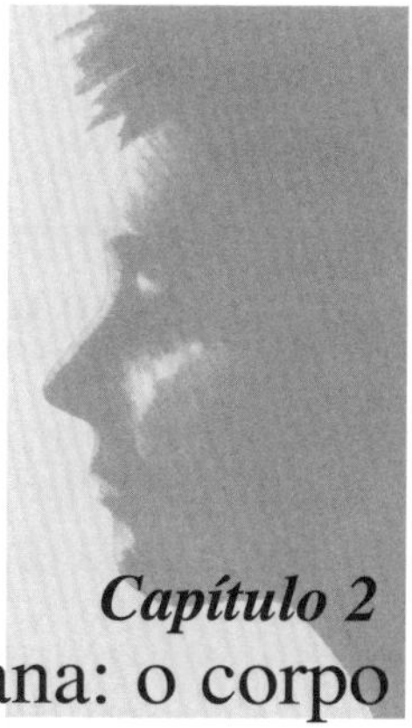

Capítulo 2

Primeira dimensão humana: o corpo

A bíblia diz que o homem foi feito de barro: "Então Javé Deus modelou o homem com a argila do solo, insuflou em suas narinas um hálito de vida e o homem se tornou um ser vivente". (Gen 2,7).

Vou contar-lhe uma história engraçada.

Deus desejava criar o homem. Fez um molde de barro e colocou-o no forno para solidificar. Quando foi retirar sua criatura do forno, era tarde demais: o barro tinha queimado, estava preto.

- Bem – disse Deus – para não perder meu trabalho vamos dar vida a esta criatura assim mesmo.

E fez o negro.

Formou novamente outro ser de barro e colocou-o no forno para solidificar. Ao retirá-lo, viu que também tinha deixado tempo demais e, assim, criou os seres de coloração morena.

Mais uma vez, empenhou-se Deus na criação de um

ser que saísse no ponto. Feito o modelo, colocou-o cuidadosamente no forno e ficou atento.

- Dessa vez – pensou Deus – não quero errar.

Esperou um pouco e abriu o forno para retirar a sua criatura.

Que azar! Ainda estava crua, muito branca.

- Agora chega – murmurou Deus. – Fica assim mesmo.

E criou o homem da raça branca.

É uma brincadeira.

Claro que o ser humano não foi feito literalmente do barro. Trata-se de uma alegoria, querendo significar que o corpo é matéria e se decomporá como matéria, portanto é perecível, em contraposição com a alma que é imortal. Esta contém o sopro divino.

O ritual da Igreja diz assim: "Lembra-te, ó homem, que és pó e em pó te hás de tornar!". Esta afirmação só tem validade para a parte corpórea do ser humano e não para o homem em si mesmo. Porque este não é só corpo, mas também corpo.

Um dia, um descrente me disse que o espírito não existe, porquanto ninguém, até hoje, por mais que dissecasse o corpo, jamais encontrou uma alma.

Perguntei-lhe:

- Você já viu a sua inteligência?

- Não, não dá para ver.

- Então, você não tem inteligência.

- Você está me ofendendo – reclamou o homem.

- Absolutamente – respondi-lhe. – Apenas estou seguindo o seu raciocínio em relação à alma.

Aqueles que seguem a tese do "só acredito no que vejo", pelo menos nunca duvidarão de que o ser humano é corpo, matéria, pó, animal.

É uma realidade indiscutível.

CUIDE DO CORPO

Como todo corpo, o humano também precisa de energias para subsistir, resistir, produzir. Torna-se indispensável uma alimentação adequada e o equilíbrio entre os períodos de atividade e descanso.

O sono é o processo natural de recuperação das energias, da liberação das tensões e do reequilíbrio das funções orgânicas e físicas.

Muitas pessoas ainda não se deram conta das limitações do corpo e o maltratam severamente.

Uns o arruinam pela ingestão de venenos, como excesso de bebidas alcoólicas, fumo, tóxicos, drogas, alimentos exagerados e prejudiciais, noitadas de grandes sofrimentos para o corpo. Estes colherão deformações, doenças, disfunções e problemas de toda ordem, inclusive a morte prematura.

Outros exigem dele o possível e o impossível, como se fosse de aço, fazendo-o trabalhar noite e dia, sem dó nem piedade. O resultado será um desgaste de tal monta que não restarão forças sequer para ficar de pé.

Há, ainda, aqueles que levam o corpo a extremos de penitência, não lhe dando trégua, não o alimentando corretamente, não lhe permitindo o descanso necessário, obrigando-o, enfim, a sacrifícios insuportáveis. As consequências serão altamente danosas, a tal ponto que, na hora em que seu proprietário mais precisar de seus serviços, ele nada mais poderá fazer, tornando-se um peso a ser carregado até a morte.

Nunca esqueça que a mente é a vida do corpo. Seus pensamentos e sentimentos agem no corpo e este reage de acordo.

Em agosto de 1991, eu estava participando de um retiro espiritual, que era orientado por um padre franciscano. Ele contou uma historieta atribuída a São Francisco de Assis, que calha muito bem aqui. Você sabe que São Francisco de Assis viveu na pobreza e a pregou aos seus seguidores. Fazia muita penitência, infligindo pesados sacrifícios ao corpo, a que ele chamava de irmão burro.

Conta-se que, no fim da vida, Francisco, enfermo, sem forças, vendo chegar a sua hora, desejou ardentemente fazer uma última visita a Assis, cidade que o vira nascer, cidade onde fundou sua ordem, cidade, enfim, de inesquecíveis reminiscências.

Pediu, então, ao corpo que, num derradeiro esforço, o levasse a Assis:

- Meu irmão burro, leva-me a Assis, pois eu quero rever, pela última vez, esta cidade tão querida para mim.

- Não o levo – respondeu o corpo.

- Oh, meu irmão burro, não faça isso comigo. Atenda-me só mais esta vez.

Ame o seu corpo como a si mesmo.

- Não o levo – tornou, irredutível, o corpo.

- Por que não? – quis saber Francisco.

- Olha, não o levo porque você nunca teve consideração por mim. Eu pedia alimentos e você teimava em jejuar; eu estava cansado, reclamando uma cama confortável, e você me deitava no chão duro; eu queria uma pausa, depois de um dia sacrificado, e você me castigava com suas longas horas de orações e penitências; eu queria descansar um pouco, exausto que estava das longas caminhadas, e você me obrigava a seguir em frente; eu queria um pouco de amor e você me detestava, impondo-me maus tratos. Pois, agora, não atendo você.

- É verdade, meu irmão burro! – exclamou Francisco. – Como fui severo e injusto com você. Perdoe-me, por favor. Perdoe-me, meu fiel amigo e irmão.

- Está bem – resmungou o corpo – vamos para Assis.

Com certeza, trata-se de uma lenda. Mas é uma fábula que expressa mensagem muito significativa.

No meu livro de meditações, de título “Sabedoria

de Cada Dia", tenho uma reflexão sobre este tema, com o seguinte texto:

"Diz a Bíblia que o espírito é forte, mas a carne é fraca.

> *A força da mente é ilimitada, mas o corpo é por demais limitado; precisa de descanso,boa alimentação, sono natural, exercícios físicos, sol, lazer, prazer.*

Esta afirmação deve ser passada para aqueles que seguem apenas os impulsos da mente, sem dar-se conta de que o corpo é forçado a acompanhar o mesmo ritmo.

A força da mente é ilimitada, mas o corpo é por demais limitado; precisa de descanso, boa alimentação, sono natural, exercícios físicos, sol, lazer, prazer.

É indispensável dar ao organismo o tempo necessário para refazer as energias, senão entrará em colapso.

Seja justo e amoroso com o seu corpo".

O corpo é uma constelação fantástica, composta por cerca de sessenta trilhões de células. Todo este universo deve funcionar apropriadamente, com equilíbrio, com energias suficientes para manter-se forte e saudável.

Ame o seu corpo como a si mesmo.

Aquilo que você quer que os outros lhe façam, faça-o ao seu próprio corpo.

Tenha carinho e compaixão para com ele.

Nunca esqueça que a mente é a vida do corpo. Seus

pensamentos e sentimentos agem no corpo e este reage de acordo.

Quando você ri, é seu corpo que expressa o riso, abrindo os lábios, mostrando a linha airosa dos dentes, energizando positivamente o rosto, soltando os braços e as mãos, descontraindo as pernas. Todo o seu corpo ri o seu riso mental. Ele é o conjunto de instrumentos musicais através dos quais você executa a sinfonia da alegria.

Sua felicidade produz a festa do corpo, oxigenando o sangue, descontraindo os órgãos, vitalizando as células, fortalecendo o sistema de defesa orgânica. O cérebro reage aos estímulos da alegria, liberando os hormônios da endorfina e da oxitocina, que aliviam as dores, criam bem-estar e geram estado prazeroso em todo seu ser.

Louise Hay, num dos seus livros, escreveu: "As pessoas felizes são saudáveis".

A bíblia diz que a alegria do coração prolonga a vida, ao passo que a tristeza a encurta.

Seu corpo é seu fiel companheiro. Cuide dele.

Quando você está doente, lembre que há algum órgão sofrendo. Note que a enfermidade, que faz você sentir tanta pena de si mesmo, antes de tudo é sofrimento do seu corpo.

Entenda que não é o corpo que faz você sofrer: é você que faz o corpo sofrer.

A doença indica o estado de abandono em que você

deixou alguma parte do corpo.

Converse amorosamente com o órgão doente, peça perdão pelos males que lhe infligiu, dê-lhe amor e carinho, e conceda-lhe, de imediato, as atenções que se fazem necessárias para a recuperação rápida e perfeita.

Conheci um homem que dedicava toda a sua atenção ao seu carro: controlava o óleo do cárter, lavava-o com frequência, reparava qualquer estrago que ocorresse, polia-o semanalmente, enfim dedicava todo carinho ao seu veículo, que era a pupila dos seus olhos.

No entanto, este homem não tinha a mínima consideração para com o seu outro carro, muito mais valioso, muito mais sofisticado, muito mais útil, muito mais bonito, que permanece noite e dia a seu serviço: o corpo. Este é o seu carro insubstituível, que o leva para todos os lugares; que você o usa vinte e quatro horas por dia; que o mantém vivo e sem o qual você não pode andar um metro sequer. Mas, aquele homem não lhe dava a mínima atenção: não cuidava dele, não o mantinha sadio, não o protegia dos desgastes, jogava nele os piores combustíveis e ainda o sacrificava com a poluição do fumo, da bebida, das comidas graxosas.

Dê a seu corpo alegria, descanso, exercícios, sol, boa alimentação, proteção, juventude.

Há muita gente que trata mal o corpo, como se não

fizesse parte da sua vida. Os que se intoxicam estão, na verdade, literalmente destruindo o corpo. Sem falar do número crescente de pessoas que ingerem calmantes, estimulantes, euforizantes, soníferos, anfetaminas, drogas e todo tipo de remédio sem controle.

Por outro lado, conheço um número cada vez maior de pessoas que cuidam carinhosamente do corpo, atendendo às suas exigências, concedendo-lhe o descanso devido, robustecendo-o com exercícios físicos, energizando-o ao sol, oferecendo-lhe alimentação sadia e até empenhando-se com o que há de melhor para mantê-lo bonito, vitalizado e elegante.

AME O SEU CORPO

Você jamais encontrará amigo mais fiel do que o corpo. Acompanha-o aonde quer que você vá, responde às suas solicitações, dá tudo de si para atender aos seus apelos.

Seu corpo é o seu maior amigo. Mais do que isso: ele é a sua metade. Então, ame-o e retribua generosamente todo o amor que ele lhe dá.

Diz a bíblia, falando do casamento: “E os dois se tor-

> *Você está inseparavelmente casado com seu corpo. Na verdade, é um belo e maravilhoso enlace. Seu corpo ama você e tudo faz por você. Oferece-lhe uma vida saudável, cheia de bem-estar e prazer.*

narão um só". É exatamente isto que acontece entre você e seu corpo. Realizaram casamento indissolúvel.

Certa vez, uma amiga contou-me que leu esta frase muito significativa: "Você casaria com uma pessoa que fosse um clone perfeito de você?"

Se não gosta do seu corpo, a resposta será negativa. Mas, não adianta pensar em divórcio. Conviverá com seu corpo até o derradeiro instante. Ele é sua permanente companhia.

Você está inseparavelmente casado com seu corpo. Na verdade, é um belo e maravilhoso enlace. Seu corpo ama você e tudo faz por você. Oferece-lhe uma vida saudável, cheia de bem-estar e prazer.

Não há porque não amá-lo, já que ele nada faz sem o seu consentimento.

Já imaginou se o corpo se negasse a dar-lhe prazer na comida, na bebida, nas carícias, nas relações sexuais, no aconchego, nos carinhos, nos gestos de amizade e proteção? E se ele se recusasse a atender seus apelos para salvar a sua vida em perigo?

Mas, ele não lhe nega nada. Apenas adoece quando você o adoece; faz você sofrer quando você impõe-lhe sofrimento; atrofia-se quando você o atrofia; enfeia quando você o castiga; envelhece quando você o deteriora.

Jamais acuse o corpo por causa das suas enfermidades. Não é ele que faz você sofrer e sim você que o faz padecer.

A mente é o eu-superior e o corpo é o eu-inferior,

por isso está sempre sob o controle da mente e reage de acordo com os padrões mentais.

Ame de todo coração esta criatura tão submissa, tão receptiva, tão íntima.

Note que não é o corpo que deve pedir perdão em face de doenças e sofrimentos, mas é você que tem obrigação de pedir-lhe perdão, já que é você quem age sobre o corpo. Ao natural, ele sempre procura o seu bem, a sua saúde, o restabelecimento do equilíbrio vital. Quando isto não acontece, é simplesmente porque você transtorna a justa e reta ordem para a qual ele foi criado.

Dê-lhe amor, alegrias, felicidade, fé, esperança, coragem, otimismo, positivismo, generosidade, bondade, e o corpo retribuirá com vitalidade, alta energia, saúde exuberante e beleza.

SEU CORPO É VOCÊ

Certo dia, um homem, destituído de bom senso e de inteligência, começou a castigar o seu corpo, entregando-se à bebida e a toda sorte de tropelias. O corpo reclamava, mas o homem continuava insensível, menosprezando-o e maltratando-o.

- Não faça isso comigo – reclamava o corpo.

- Faço, porque sou eu que mando e você é meu escravo.

- Por favor, não me prejudique, porque as consequências virão – insistia o corpo.

Furioso, diante de tamanha ousadia, o homem vituperava:

- Quem é você para ameaçar-me desta forma?

- Eu sou você amanhã – filosofou o corpo.

Aí está a lei de causa e efeito.

O corpo nada mais é do que o efeito da causa mental. É impossível maltratá-lo sem que a própria pessoa se prejudique.

O CORPO É SUA VITRINA

É pelo corpo que você se mostra ao mundo. Ele é a sua vitrina aberta, expondo as suas desgraças, os seus sofrimentos, a sua raiva, o seu ressentimento, o seu desânimo, a sua depressão, o seu estresse, o seu baixo-astral, o seu fracasso, a sua abulia, o seu desamor, a sua desesperança.

Seu corpo é seu cartão-postal, o seu legítimo retrato, o mostruário da sua alma, a revelação da sua mente. Enfim, seu corpo é você passado a limpo.

Por outro lado, ele é também seu manequim aos olhares curiosos do povo, é seu modelo desfilando nas passarelas da vida, ostentando sua alegria, sua paz de espírito, sua jovialidade, sua inteligência, sua bondade, sua felicidade, seu equilíbrio mental, sua fé, sua coragem, seu idealismo, seu sucesso, sua crença, sua educação, seu astral, sua autoestima, sua sensualidade, sua vitalidade, sua interação com o universo e Deus.

Em suma, os outros veem você através do seu corpo.

Quando Deus quis mostrar-se aos homens, teve de assumir um corpo.

Seu corpo é seu cartão-postal, o seu legítimo retrato, o mostruário da sua alma, a revelação da sua mente. Enfim, seu corpo é você passado a limpo.

RECONSTRUA SEU CORPO

Em vão você buscará recompor os desgastes e marcas do corpo, sem desfazer os estados mentais negativos causadores da situação.

Graças a Deus, no momento em que você muda os padrões mentais, alcançando alto nível de harmonia, de fé, de positivismo, de alegria, de autoconfiança, seu corpo reagirá da mesma forma, recuperando a energia, a vitalidade e a bela apresentação.

Amar-se a si mesmo é também amar o corpo.

O amor do seu coração e a alegria da sua mente são a mais perfeita receita de beleza para o corpo.

Olhe as suas fotografias de dez anos atrás, de vinte anos passados, da infância, da adolescência, do dia do casamento – e você saberá quem era você naquela época.

Mire-se no espelho e saberá quem é você agora.

Como é que a mulher quer ser bonita tendo a mente

feia? Por mais que use produtos de beleza, o corpo não reagirá se não mudar os padrões mentais.

Ponha na sua cabeça que o corpo é a escrita da sua mente e do seu coração.

A compreensão desta verdade será um valioso e poderoso incentivo para você criar uma mente positiva, alegre, feliz, agradável, confiante, de alto-astral, cheia de ideais e projetos grandiosos, iluminada de amor e incendiada pela fé no sucesso.

A BELEZA DO CORPO

Tenho visto pessoas bonitas, e até misses, acharem seu corpo feio. Num ponto importante elas têm razão: o corpo, sem a iluminação da mente, é um planeta gelado, inóspito e sem graça. O que dá beleza ao rosto e ao resto do corpo é a energia do amor que existe na mente e no coração.

> *A visão da beleza de qualquer pessoa se fundamenta na irradiação das belezas do seu mundo interior.*

Pergunto-lhe: adianta vestir uma roupa lindíssima num quarto escuro? Não adianta, porque nem você e nem ninguém pode apreciar e admirar o traje.

O romancista brasileiro José de Alencar, autor de "O Guarani" e outros livros, escreveu: "O belo é o reflexo da divindade sobre a terra".

A visão da beleza de qualquer pessoa se fundamenta na irradiação das belezas do seu mundo interior.

Acredita você que pode ser bonita uma fruta que esteja podre por dentro?

Cultive a beleza do seu corpo, dando-lhe cosméticos, produtos embelezadores e vitalizantes, ingerindo vitaminas, sais minerais, proteínas e nutrientes, fazendo ginástica, caminhadas, natação, esportes, mas, ao mesmo tempo, estimule a beleza interior, oferecendo à sua mente as energias luminosas da alegria, da paz de espírito, da felicidade, do amor, do pensamento otimista e positivo, da fé na realização dos seus ideais.

Não é possível ser bela uma pessoa que viva dominada pelo medo, pela depressão, pelas preocupações, pelo desânimo, pelos ódios e ressentimentos, pois estes estados negativos atuam sobre o cérebro, levando-o a liberar hormônios maléficos, ao mesmo tempo que enfraquecem o sistema imunológico. Além disso, produzem marcas, rugas e vincos que enfeiam o rosto e o corpo.

Já uma pessoa iluminada de amor e com a mente positiva, por exemplo, tem a vantagem de que esta força age sobre o cérebro, levando-o a liberar hormônios benéficos que, atuando sobre o sistema de defesa do organismo, sobre os linfócitos T, fortalecem e rejuvenescem o organismo.

Conheci um homem quarentão, cuja perda da companheira levou-a à depressão, ao abatimento e ao desleixo de si mesmo, a ponto de caminhar sem energia, cabeça baixa, cabelos desalinhados, roupas descuidadas. Era um velho prematuro. De repente, encontrou um grande Amor: sua vida mudou, o rosto iluminou-se, o corpo rejuvenesceu, o andar tornou-se ereto, os cabelos bem penteados; os olhos brilhantes; o traje acurado e bonito. Em pouco tempo, era outra pessoa, cuja jovialidade encantava o mundo.

Realmente, a beleza nasce na mente e se manifesta no corpo.

Lembro, a propósito, uma poesia que aprendi nos tempos de adolescente. Estudava no seminário menor de Vale Vêneto, poético lugarejo habitado por imigrantes do Vêneto italiano, quando me chegou às mãos essa poesia de Gregório de Matos. O poeta era famoso repentista: davam-lhe um tema qualquer e ele improvisava versos em torno do assunto.

Certa vez, num banquete, seus amigos resolveram apertá-lo contra a parede, propondo-lhe um tema impossível. Como o poeta era fanático por mulheres bonitas, desafiaram-no a fazer uma poesia sobre este tema: “A Mais Formosa Que Deus”.

Gregório de Matos ficou surpreso, mas, levantando-se calmamente, desferiu:

Com duas donzelas vim,
Ontem, de uma romaria.
Uma feia parecia,
Outra era um serafim.

E, vendo-as eu assim,
Sós, sem os amantes seus,
Perguntei-lhes: anjos meus,
Quem vos pôs em tal estado?
Disse a feia: que o pecado.
A mais formosa: que Deus!

Assim safou-se o poeta, deixando seus ouvintes boquiabertos.

Citei este episódio porque os versos de Gregório de Matos apresentam sabedoria profunda. Fala o poeta de duas pessoas: uma feia, outra bonita. A causa da diferença era, para a feia, o negativismo, os males cometidos, os descaminhos, as perturbações, as aflições; e, para a bonita, era a sua luz mergulhada na Luz divina, ou seja, o amor, a paz, a felicidade e a resplandecência interior.

O corpo que lhe foi dado por Deus é originalmente sempre bonito. Quando você assume o controle da sua vida, ele passa a tomar a configuração que você lhe der.

Um dia, li, num almanaque, uma história que contava o seguinte: Leonardo da Vinci estava pintando sua famosa Última Ceia de Cristo e precisava de um modelo para Jesus. Saiu à procura de um moço saudável, bonito, másculo, irradiante, cheio de vida, bem-disposto, impressionante, de ótimo astral. Percorreu centros e bairros até que encontrou o moço ideal. Era a imagem adequada para representar Jesus. Usou-o como modelo e ficou muito bem.

Tempos depois, ao dar os toques finais de sua obra, faltava ainda o Judas Iscariotes. De novo, meteu-se à procura de um modelo para Judas, o traidor suicida.

Transitou pelos pontos mais obscuros da cidade; entrou em bares noturnos, casas de tolerância, bordéis; percorreu becos, em altas madrugadas; devassou o submundo do vício, até que encontrou o mais apropriado modelo de Judas para o seu quadro da Última Ceia. Era um homem desesperado, desgraçado, decaído, rosto marcado por tormentos, enfim um suicida.

Ao anotar o nome, para seu espanto viu que se tratava da mesma pessoa que fizera o papel de Jesus na sua pintura.

Verdadeira ou não, a história exemplifica o fato de que o corpo é o resultado do que acontece na vida do ser humano.

Toda decadência mental e espiritual afeta negativamente o corpo.

Toda a beleza mental produz a beleza física.

Toda luz interior irradia-se para o exterior.

Toda criatura humana positiva, alegre e feliz, expressa este estado interior no rosto e no corpo.

Não é por nada que a sabedoria popular ensina que o rosto é o espelho da mente.

Não é por nada que a sabedoria popular ensina que o rosto é o espelho da mente.

Também a sabedoria latina promulga a mesma verdade: "Mens sana in córpore sano", quer dizer, uma mente sadia produz um corpo sadio.

A partir da adolescência, seu corpo fica sob sua guarda e responsabilidade. Vai sendo moldado à sua imagem e semelhança. Portanto, a partir de certa idade você tem o corpo que merece.

Mas ninguém está condenado a viver do passado e nem a deitar-se à sombra das desgraças.

Seu corpo vai sendo moldado à sua imagem e semelhança.

Hoje é outro dia. É novo ponto de partida.

Mude desde já seus padrões mentais, mentalizando alegria, paz, amor, felicidade, calma, autoconfiança, bondade, tolerância, fé, beleza interior, alto-astral, prazer de viver, harmonia com a humanidade, com o universo e com Deus – e você se tornará uma criatura cada vez mais linda por dentro e por fora.

Os anjos são espíritos do bem, por isso são sempre representados muito belos, iluminados e com feições jovens e atraentes.

Não basta fazer o bem para ser bonito. É mister que este bem exista dentro de si, como realidade vital.

Assim, nem sempre orar significa iluminação interior, porque uma pessoa pode desenvolver a oração mecânica, ou a prece do medo, da rotina, da incoerência, do negativismo e até do desprezo pela vida.

Mas, a oração do amor, da paz, da fraternidade, da bondade, da felicidade, da confiança, da comunicação com a suprema Felicidade e Amor, esta sim produz energias positivas e benéficas, que vão repercutir saudavelmente no corpo.

Um folheto que me caiu às mãos, trazia esta belíssima mensagem: "Amar é a melhor oração; se não amas, então tu precisas orar".

A oração do sacrifício, da renúncia e da penitência se baseia na antiga ascese do desprezo ao corpo, como se fosse uma entidade inferior e maléfica.

O CORPO É O TEMPLO DO ALTÍSSIMO

Numa carta aos coríntios, escreveu o apóstolo Paulo:

"Não sabeis que sois um templo de Deus e que o Espírito de Deus habita em vós? Se alguém destrói o templo de Deus, Deus o destruirá. Pois o templo de Deus é santo e esse templo sois vós". (I Cor 3, 16-17).

A mais elevada apologia que se pode fazer do corpo está neste escrito de Paulo. Acima de tudo, o corpo é templo do Altíssimo, que nele habita.

A religião cristã apresenta esta bela e sublime visão do corpo humano, que não tem nada a ver com a crença equivocada que menospreza o corpo e nele inflige penitências, sofrimentos e castigos.

Os templos existentes no mundo são considerados

lugares sagrados, de respeito, de oração, de iluminação, onde se reúnem os crentes para a comunhão com Deus.

O templo do seu corpo é o habitáculo divino. Deve ser respeitado. Seus espaços são sagrados, iluminados. É onde você se recolhe para estabelecer comunhão com seu Eu-Superior.

Na linguagem de Jesus Cristo é a casa do Pai.

Maravilha das maravilhas.

Jamais deteste este templo lindíssimo, perfeito, grandioso, criado por Deus para ser a morada dele em você.

Se porventura você não aprecia o corpo, vá agora mesmo ao espelho e faça uma declaração de amor a ele.

Amar o corpo é amar-se a si mesmo.

Detestar o corpo é detestar-se a si mesmo.

Paulo completa seu pensamento dizendo: "Se alguém destrói o templo de Deus, Deus o destruirá".

É bom saber que Deus não castiga ninguém, mas somos determinados pela Lei de Causa e Efeito. A maneira pela qual Deus rege o ser humano é através de Leis e não por castigos e recompensas. Pode-se, em todo caso, falar em castigo e recompensa, mas a visão correta é ver-se tudo através das Leis criadas por Deus, pelas quais a criatura humana e o universo são regidos.

Assim sendo, não existem castigos ou prêmios, mas sim consequências, resultados, efeitos.

Quem destrói o corpo, vê-lo-á destruído.

Antigos ascetas sacrificavam e torturavam o corpo, como penitência, e os resultados eram desastrosos para a saúde.

Ainda hoje, há religiosos e religiosas pretendendo salvar a alma pela destruição do corpo. É um equívoco, justificado apenas pela ignorância e pela boa intenção.

Valeria aqui repetir a lenda de São Francisco de Assis, que narrei anteriormente.

Na Idade Média, muitos ascetas surravam o corpo, dormiam sobre tábuas, faziam longos jejuns, caminhavam sobre pedrinhas, detinham-se longas horas em posições sacrificadas, para submeterem seu corpo ao sacrifício, na suposição de que isso agradava a Deus e contribuía para sufocar as tentações.

Descontada a boa vontade e o alto espírito de devoção, estavam destruindo o templo do Altíssimo em nome do Altíssimo.

Ainda hoje, ouço religiosos idealistas dizerem:

- Não posso parar de trabalhar; tenho muito que fazer. A messe é grande e os operários são poucos. No céu descansarei.

Saúde: É melhor prevenir do que remediar.

Dentro desta perspectiva de vida, não recusam nenhum chamado, nenhum pedido, nenhum convite para o apostolado de Deus. Por vezes, atravessam noites em reuniões e palestras, encadeando longas viagens para atender grupos e distribuir os sacramentos. O resultado, como não poderia deixar de ser, é o estresse, o enfraquecimento físico, o esgotamento, a predisposição à doença, a enfermidade e, por fim, a morte prematura.

- Deram a vida pela salvação das almas – é o comentário geral.

Sim, valeu pela boa intenção e pela ignorância. É bom considerar que se tivessem dedicado mais atenção às necessidades orgânicas, teriam mais tempo de vida, o que significaria mais tempo de apostolado. Sem falar da mensagem de Paulo, que concluiu: "Pois o templo de Deus é santo e este templo sóis vós".

O templo de Deus – o corpo – é santo. Santidade é derivado da palavra sanidade. Significa harmonia plena entre a mente, o corpo, o coração, o universo e Deus.

Cuide do seu templo, vivifique-o, limpe-o, proteja-o e dê-lhe as melhores condições de vida.

Longe de sacrificar o corpo severamente, como ascese de vida e caminho da santidade, você deve cuidar dele, conceder-lhe o descanso devido, a alimentação adequada, a proteção ideal contra as intempéries e a restauração das energias em face de esforços extras exigidos em determinadas ocasiões.

Seu corpo avisa-lhe: A caridade começa em casa.

Não pensar assim e não agir dessa maneira é o mesmo que exigir que Deus faça contínuos milagres para reparar os danos à saúde que você se inflige.

O religioso, por exemplo, que não sabe equilibrar as tensões das atividades com a distensão do lazer, entra em estresse e cai no esgotamento. Mas, ainda assim, continua achando que deve se sacrificar por amor ao próximo, sem dar-se conta de que o seu próximo mais próximo é ele mesmo. Diz o velho ditado que a caridade começa em casa.

Conheço pessoas cuja exaustão levou-as praticamente à inutilidade. Não conseguem sequer concatenar as linhas de uma palestra.

No caso de comerciantes ou industriários, sentem-se incapazes de fazer um cálculo ou concentrar-se no negócio.

Lembre-se que o corpo é o templo do Altíssimo.

Eu nunca vi alguém depositar pesos e mais pesos sobre a armação do teto da casa, ou da igreja, ou do pavilhão industrial. Ele sabe que, colocando peso acima do suportável, o teto ruirá. É bom usar o mesmo critério com o corpo.

Sem dúvida, haverá situações especiais em que o sacrifício se impõe imediata e inexoravelmente. Por exemplo, em caso de perigo iminente, de risco de vida. Mas o bom senso determina que, logo em seguida, seja dado ao corpo e à mente o descanso e lazer necessários à recuperação das energias.

Até pouco tempo, os espiritualistas falavam apenas em salvar almas. O que importava era a alma e não o corpo. Diante de algumas igrejas de regiões interioranas, ainda hoje se vê uma cruz plantada, com esta legenda: "Salva tua alma".

Atualmente, fala-se em salvar o ser humano no seu

todo. Está correto, pois Deus não criou só a alma e sim esta e o corpo. Há que se dar atenção a ambos, inclusive porque formam uma unidade indissolúvel.

Não se consegue atender o ser humano cuidando apenas da mente; assim como é impossível atender a criatura humana dando atenção apenas ao corpo.

Se você ama a Deus, obrigatoriamente ama o templo no qual habita o Altíssimo.

SEU CORPO FONTE DE PRAZER

Quando Deus criou seu corpo, deu a ele as melhores condições de expressar prazer, oferecer-lhe momentos inesquecíveis. Afinal, como você cuida dele, é justo que ele retribua com prazeres e bem-estar.

Você alimenta o corpo e ele lhe oferece o prazer gustativo.

Você pratica caminhadas, exercícios físicos, passeios, natação, esportes, e ele libera hormônios benéficos.

Você lhe dá carinho, abraços, beijos, sexo, e ele reage produzindo belas sensações de prazer.

Você o estimula com sentimentos de felicidade e de amor e ele responde com energias vitais.

Você derrama sobre ele a calma e a paz de espírito e ele o presenteia com bom sono e descontração.

Você o inunda de alegria e alto-astral e ele o faz jovem e bem-disposto.

Seu corpo, seu amigo de todas as horas.

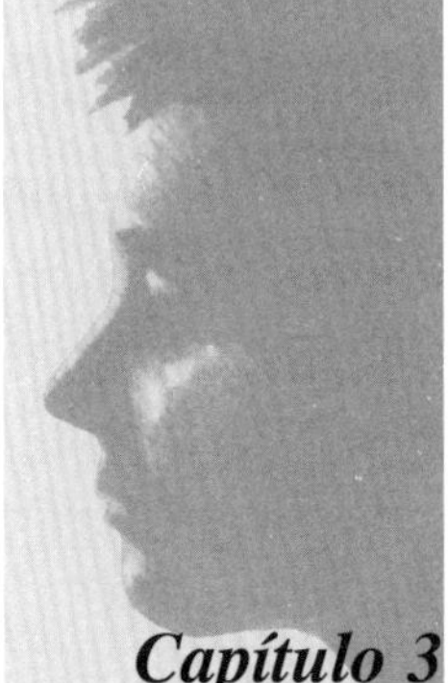

Capítulo 3

A dimensão da mente

A primeira característica que define o ser humano, como você viu, é o corpo, o ser-animal.

A segunda classificação determina que o homem é um ser-mental. Esta é a grandiosa dimensão humana, que supera, de longe, qualquer outro vivente da terra.

É a mente, pela sua capacidade autorreflexiva, que torna a pessoa sabedora de sua própria sabedoria e do seu próprio poder.

O avião tem enorme potencial de força, capaz de elevá-lo a grandes alturas, mas ele não tem conhecimento da sua força e da sua capacidade e não tem condições de se autodeterminar. Nem os mais sofisticados computadores chegarão a equiparar-se à mente humana. Sem a mente, o computador torna-se ineficiente e incapaz.

Graças à capacidade da mente, agora você está me lendo.

Todas as descobertas e inventos da humanidade deram-se por força da mente.

As grandes obras de arte, composições musicais, literárias, arquitetônicas, as invenções todas, aconteceram por obra e graça da mente.

A evolução do mundo é resultado da mente.

A evolução do mundo é resultado da mente.

O próprio conhecimento de Deus só pode ocorrer através da mente.

Catherine Ponder escreveu, no seu livro "A Oração, Chave de Todas as Riquezas": "A mente é o elo de ligação entre Deus e o homem; e a prece é o método de pensamento que liga Deus e o homem".

A legítima dimensão humana está na mente.

Antes de tudo, é necessário saber que a mente criou o corpo, informa-o e controla todas as funções do mesmo. Tire a mente do corpo e este não só não subsistirá, como, ainda, se desintegrará totalmente.

A MENTE AGE NO CORPO

O corpo – você já viu – é a resposta da mente. Mente saudável – corpo saudável. Mente doentia – corpo doentio.

A mente é o seu grande poder criador.

Pela mente, você pensa, analisa, raciocina, deduz, induz, imagina, cria, capta pelos sentidos, censura, aprova, decide, avança, recua, ganha, perde, tem êxito, fracassa, inventa, evolui, cura, ora, chega a Deus, abre caminhos, desanima, projeta, aprova, protesta, canta, fala, discursa, xinga, briga, apazigua, oferece, exige, aclama, proclama, sobe, desce, realiza milagres e torna possível até mesmo o impossível.

Para onde forem os seus pensamentos – que são criações da mente – para lá irá a sua vida, pois esta nada mais é do que o resultado dos mesmos.

Você é o que pensa.

Você tem o que pensa.

Você alcança o que pensa.

Você deixa de conseguir o que pensa que deixará de conseguir.

Muita gente supõe que é vítima de azar, má sorte, fatalismo, destino, quando, na verdade, toda pessoa é resultado de seus próprios pensamentos.

> *Você é o que pensa. Você tem o que pensa. Você alcança o que pensa.*

Conheci uma senhora que detestava a vida. Desde a juventude, só encontrou contrariedades, decepções, enfim um mundo hostil.

Reclamava ela:

- Tudo o que faço, sai errado. Ninguém me compreende. Sou uma desgraçada. Minha vida vai de mal a pior.

Ao ouvi-la, tem-se a impressão de que o ser humano

é um barco à deriva, jogado ao sabor das ondas da vida: os mais felizardos aportam numa praia bonita e agradável; outros, azarados, enfrentam tempestades e acabam espatifados nas rochas; outros mais, nem sequer têm chances, porque o barco faz água desde logo e afunda sem mais nem menos.

Não, a vida não é assim.

O universo e todos os seres do universo são regidos por Leis. A maneira pela qual Deus governa a criatura humana é através de Leis e não arbitrariamente.

Deus não poderia criar um ser com maior autossuficiência do que o homem. Deu-lhe a mente para que determine o seu próprio modo de vida; deu-lhe inteligência para criar o que quiser; deu-lhe poder ilimitado para tornar realidade seu ato criador; e deu-lhe sabedoria para julgar se o seu ato criador é benéfico ou não.

Ao deter-se nesta verdade, você compreende facilmente que é o único autor da sua vida. Só você é responsável por si mesmo.

Nenhuma outra pessoa tem mais poder sobre você do que você mesmo. O poder dos outros termina onde começa o seu poder em relação a você.

Ninguém pode prejudicar você sem o seu consentimento.

Sua vida se faz pela sua mente.

A IGNIÇÃO DO PODER

A ferramenta pela qual você conduz a vida para qualquer direção e finalidade é a de mais simples e fácil manejo: seu pensamento.

O pensamento é produto da mente e só você tem livre acesso à sua mente.

Em vista disso, aquela senhora que xingava os azares da vida, estava, isto sim, xingando-se a si mesma. Ela era apenas o fruto da sua própria árvore.

Segundo Ann Landers, só existem três tipos de pessoas: as que fazem com que as coisas aconteçam; as que assistem as coisas acontecerem; e as que perguntam o que foi que aconteceu". E eu acrescento mais um tipo de pessoa: a que reclama contra o que aconteceu.

Quem conhece o poder, a capacidade e as potencialidades da sua mente, faz as coisas acontecerem. Para este, azar, má sorte, infelicidade, fracasso, são palavras que não têm sentido. Este grupo de pessoas esclarecidas tem consciência do seu poder e reconhece que o poder é acionado pelo pensamento acreditado. Conduz o pensamento nessa direção e sabe que os resultados serão infalíveis, tão infalíveis quanto dois mais dois são quatro.

> *Somente quem pensa grande, torna-se grande.*

Muitos ainda não se deram conta de que a vida vai para onde forem os pensamentos.

Somente quem pensa grande, torna-se grande.

Jamais existiria o avião, o automóvel, a geladeira, o

computador, a fábrica de chocolates, se ninguém tivesse pensado o automóvel, o avião, a geladeira, o computador e a fábrica de chocolates.

Nem o melhor pescador do mundo conseguirá pescar um peixe sequer, se estiver a um quilômetro da água. Da mesma forma, como quererá você alcançar alguma coisa se a sua mente estiver distante do objetivo?

Conheço gente que deseja uma casa, mas seu pensamento está voltado para o vazio da impossibilidade.

Certa noite, fui deitar enfronhado em mil considerações sobre o porquê das diferenças humanas. Tive um sonho. Andava por uma estrada florida e perfumada. Enlevado pelo perfume das flores, fui andando, andando, andando sem parar e, quando percebi, tinha penetrado nas profundezas de uma floresta. Já não sabia mais onde estava.

- E agora? – pensei. – Onde estou? Para onde vou? Estou perdido!

Sentei sobre um velho tronco de árvore e pus-me a imaginar uma saída para minha situação.

De repente, ouvi uma Voz que me dizia:

- Você não está perdido. Pelo contrário, está no caminho certo. Siga por esta senda e terá a resposta da sua indagação.

Levantei de um salto, olhei para todos os lados e não vi ninguém.

Sentei novamente.

A Voz voltou a falar:

- Siga por esta senda.

- Bem – pensei eu – perdido por perdido, vou seguir por aí.

Andei longas horas, até que encontrei um velho lenhador. Ele sorriu satisfeito e disse:

- Que bom que você veio. Estava esperando você.

- A mim?! – exclamei, estupefato.

- Sim. Vou revelar-lhe o segredo. Acompanhe-me.

Entramos pela parte mais densa da floresta, costeamos um belo arroio e fomos dar numa gruta profunda.

- É aqui – revelou o lenhador.

- É aqui o quê? – perguntei, intrigado.

- O segredo, ora.

O homem era de poucas palavras.

- Venha – chamou ele, entrando na gruta.

Segui-o.

Era um verdadeiro labirinto. Não fosse uma réstia leve de luz, o ambiente seria escuro como noite de tempestade.

Por fim, o homem parou diante de um buraco, apontou para o interior, e ordenou:

- Está aí. Tire-o.

- Tirar o quê? – indaguei, meio desconfiado.

- Ora o quê! O segredo!

Eu não conseguia atinar que história era essa de segredo.

- Vamos! – insistiu o lenhador, apontando para o buraco.

Nos arcanos da mente habita a verdade.

- Seja o que Deus quiser – resmunguei e pus-me a cavar.

Num instante, abriu-se diante de mim uma linda sala, iluminada pela luz colorida de milhões de pedras preciosas.

Eu estava deslumbrado.

- Vá ao que importa realmente – determinou o guia.

Sobre um pedestal brilhante, havia uma placa luzidia, onde se podia ler claramente: "O Segredo".

Retirei a placa e, dentro de uma urna doirada, encontrei outra placa resplandecente, com estas frases:

"Há os que não sabem que podem – e jazem na escuridão.

Há os que sabem que podem – mas nada fazem: estes renunciaram à vida.

Há os que sabem que podem e realizam o poder do que sabem: estes são os únicos que vivem a plenitude da vida".

Só então lembrei que estava metido em meditações para saber o segredo das diferenças humanas.

Aí estava a resposta.

- Apenas mais uma pergunta – voltei-me para o lenhador. – Por que tive que procurar aqui nessas profundezas a resposta das minhas indagações?

- Porque todo segredo sempre está oculto aos que não o procuram – proclamou o homem.

Uma sibilante buzinada de carro acordou-me. Mas,

graças a Deus, o mais importante do sonho tinha se desenrolado.

Escrevi numa folha de papel o conteúdo da placa resplandecente e entrei a refletir sobre o significado do sonho.

OS QUE NÃO SABEM QUE PODEM

Todo conhecimento está nos arcanos da mente. Nas profundezas do subconsciente existe a Verdade na sua dimensão absoluta. Ali habita a Sabedoria. Esta é a Luz originária de Deus. É o todo existente em você. Muitos, no entanto, não sabem que possuem a Sabedoria. Estes – como diz o evangelho – tendo olhos não veem, tendo ouvidos não ouvem. Não buscam a Verdade e vivem nas trevas da escravidão. Comparando grosseiramente, são como aqueles que, tendo um caminhão em casa, carregam todo o peso da vida nas costas. Padecem por ignorância.

Era o que dizia o letreiro da gruta: "Não sabem que podem".

Para estes, de nada adianta possuírem a Sabedoria e o Poder, já que não têm conhecimento disso.

São sábios e vivem na ignorância.

São ricos e vivem na miséria.

São saudáveis e vivem doentes.

São felizes e vivem infelizes.

Na verdade, são mas não são.

No recôndito da mente subconsciente, existe a Sabedoria Infinita, existe o Poder Infinito, mas eles ainda não descobriram a chave do segredo. Nem sequer encontraram o caminho da gruta interior. Todos os grandes mestres, principalmente Jesus Cristo, revelaram o segredo, mas essas pessoas não tomaram conhecimento e zombam dos que tentam ensinar-lhes.

> *No recôndito da mente subconsciente, existe a Sabedoria Infinita, existe o Poder Infinito, mas eles ainda não descobriram a chave do segredo.*

- São tontos, charlatões, enganadores, lobos em pele de ovelha – acusam eles aos que ousam revelar-lhes as grandiosas e libertadoras Verdades da vida.

Não há desgraça maior do que os olhos vendados, os ouvidos tapados e a mente obscurecida. São surdos, cegos e insensatos.

Insensato é o que vive nas trevas e julga-se na luz. Se vivesse nas trevas sabendo que está nas trevas, teria todas as chances de livrar-se das mesmas.

Dizem, diante de tudo o que não vem de suas cabeças: “Não vi e não gostei”.

A salvação destes está num milagre que os derrube do cavalo, tal como aconteceu com o apóstolo Paulo. Este, que se chamava inicialmente Saulo, perseguia os discípulos de Jesus e os lançava na prisão. Certa vez, aproximava-se de Damasco, quando, de repente, uma luz, vinda do céu, explodiu sobre ele. Caindo por terra, ouviu uma voz que lhe falou:

- Saulo, Saulo, por que me persegues?

Cegado pela luz, sacudido interiormente, Saulo exclamou:

- Senhor, que queres que eu faça?

A Voz mandou encontrar-se com um discípulo do Mestre Jesus, que lhe diria tudo que devia fazer. Foi assim que Paulo tornou-se o grande apóstolo dos gentios.

Os que não sabem que podem, sem dúvida necessitam de um tombo de cavalo, de um raio divino, de uma Luz libertadora, para que se rompa a casca da cegueira.

São os que, em nome de Deus, perseguem e crucificam os que não comungam das mesmas crenças. Espalham panfletos, barram o caminho, gritam à porta dos que pensam diferente, excomungam os que defendem outras idéias, enfim são fanaticamente contra os que não sentam no mesmo banco.

Estes não são a favor da religião deles; são contra a dos outros.

Praza aos céus que Deus mande uma Luz forte e clarificadora para que encontrem a verdadeira felicidade da comunhão universal.

Como um dia aconteceu o milagre de Saulo, com eles também, por certo, há de explodir no céu da mente a Luz da Sabedoria. Sim, porque todos têm Deus dentro de si. E a graça divina busca sua manifestação, como a água que sempre penetra por qualquer fenda que se abrir.

O novo mundo de paz, de amor, de fraternidade, de abundância, de saúde e de comunhão universal, pregado pelo Mestre há dois mil anos, agora, no limiar do terceiro milênio, começa a tornar-se alvissareira realidade.

O homem do terceiro milênio não está preocupado em destruir o velho mundo, mas em construir o novo.

Não pretende lutar contra o que está errado, mas a favor do que está certo.

Não é destrutivo, mas construtivo.

O homem do terceiro milênio não está preocupado em destruir o velho mundo, mas em construir o novo.
Não pretende lutar contra o que está errado, mas a favor do que está certo.

O que se torna obsoleto e ultrapassado cairá por si mesmo, pelo simples fato de que ninguém quererá o ruim quando pode alcançar o bom e ninguém terá interesse em manter o bom se pode chegar ao ótimo. Isto é evolução baseada na Sabedoria".

- A lâmpada – ensinou Jesus – não se coloca debaixo da mesa, mas em cima, para que possa iluminar a sala toda.

Contaram-me, faz anos, uma historieta interessante: "Havia uma cobra que vivia à beira da estrada que circundava um bosque, à entrada da cidade. Certa vez, um santo percorria aquelas paragens e o povo veio queixar-se amargamente a ele contra a cobra que picava as crianças e os cidadãos, levando alguns à morte.

O santo foi ter com a cobra e falou-lhe mansamente para não agir dessa maneira, afinal estava levando o terror, o sofrimento e a morte às pessoas que por lá transitavam.

- Você é criatura de Deus – ensinava-lhe o santo – e, por isso, deve deixar de agredir e de levar sofrimento às pessoas, que também são seres de Deus.

E o santo foi-se embora.

Tempos depois, passava o santo pelo mesmo lugar e viu a cobra toda enroscada sobre si mesma, machucada, esfolada, gemendo dolorosamente.

- O que foi que aconteceu? – perguntou, horrorizado, o homem de Deus.

- Segui os seus conselhos – choramingou a cobra.

- Como assim?! – surpreendeu-se o monge.

- Você me ensinou a não agredir e nem reagir. Foi o que fiz. Daí, as pessoas passaram a jogar pedras sobre mim, davam-me pauladas e aqui estou em frangalhos.

- Espera aí – rebateu o santo. – Eu disse que não era para atacar e agredir, mas não lhe proibi de silvar assustadoramente a fim de afugentar as gentes.

Esta é a filosofia da autodefesa: "Nada contra os outros, mas

Esta é a filosofia da autodefesa: "Nada contra os outros, mas tudo em defesa e proteção própria".

tudo em defesa e proteção própria".

Os que não sabem e não querem saber, não raro entendem às avessas o que a gente diz. Por exemplo, se o médico manda tomar um comprimido três vezes ao dia, logo retrucam: "Como posso tomar um comprimido três vezes? Na primeira vez que o tomo, acabou".

Certa vez, o médico recomendou a um homem que estava com pressão baixa:

- Tome uma dose de conhaque e depois um banho quente.

Ao quê, reclamou o homem:

- Acha o senhor que tenho barriga de elefante para tomar um banho quente?

Por outro lado, toda mente aberta, que pesquisa, que busca o aprendizado, que mergulha interiormente para discernir o certo do errado e que se ocupa em distinguir o joio do trigo – esta encontrou a salvação e o caminho da evolução superior.

Às vezes, acontece com certas pessoas como aquela história que se deu numa família: Uma jovem senhora, sempre que preparava a carne para cozer na panela, retirava um pedaço à parte e colocava o resto na panela. Um dia, a filha, que acompanhava o trabalho da mãe, perguntou:

- Mãe, porque você deixou de lado aquele pedaço de carne?

- Aprendi da minha mãe. Ela sempre fazia assim.

A jovem ficou curiosa e telefonou para a avó:

- Vovó, por que é que a senhora sempre deixa de lado um pedaço de carne e coloca o resto na panela?

- Isso eu aprendi da minha mãe – respondeu a avó.

A jovem estava por demais intrigada e telefonou para a bisavó:

- Bisa, por que a senhora retira um pedaço da carne antes de colocar o restante na panela para cozinhar?

- Porque a panela é muito pequena e não cabe nela toda a carne – respondeu a bisavó.

Esta história ilustra o comportamento de muita gente: aprende as coisas, não sabe porquê, passa o mesmo ensinamento e jamais se dá ao trabalho de pesquisar a procedência e a veracidade do fato ou da crença.

> *"Se alguém tem falta de sabedoria, peça-a Deus, que a concede generosamente a todos".*
>
> *Apóstolo Tiago*

Existe uma Sabedoria Infinita dentro de cada um para que se tenha a possibilidade de alcançar a Verdade.

A Verdade liberta – frisou o Mestre Jesus.

Diz a bíblia: "Eu, a Sabedoria, moro com a sagacidade, tenho companhia com a reflexão...Detesto o orgulho e a soberba, o mau caminho e a boca falsa." (Pr. 8,12-21).

Escreveu o apóstolo Tiago, na sua carta às doze tribos da Dispersão: "Se alguém dentre vós tem falta de Sabedoria, peça-a a Deus, que a concede generosamente a todos, sem recriminações, e ela ser-lhe-á dada..."

OS QUE SABEM QUE PODEM MAS NADA FAZEM

Todo aquele que leu, uma vez que seja, os evangelhos, teoricamente sabe que tem poder. Basta lembrar as vezes em que o grande sábio Jesus revelou esta verdade.

Disse o Mestre: "Tudo o que pedirdes ao Pai, em oração, crendo que haveis de alcançar, alcançareis".

"Seja o que for que desejardes, quando orardes crede que tendes alcançado e alcançareis".

"Crede que alcançareis tudo quanto pedirdes na oração e ser-vos-á dado".

"Quanto ao poder, quem tem fé tudo pode".

"Até agora nada pedistes. Pedi e recebereis para que a vossa alegria seja completa".

"Pedi e dar-se-vos-á, porque todo aquele que pede, recebe".

Jesus não poderia ser mais claro na revelação da existência de um Poder Infinito no âmago da criatura humana.

É, no entanto, apenas uma minúscula parcela da humanidade que pratica este conhecimento.

ESQUECEM O PODER

São milhões de pessoas que leem Jesus Cristo, percorrem livros que ensinam a existência de Poder no ser humano. Muitas acreditam e alcançam maravilhas, mas a grande maioria passa ao largo, pensando nas impossibilidades da vida.

A razão de tal atitude é o fato de que, durante milênios, gravou-se, no subconsciente, forte programação de limitações, de imprevisibilidades, de situações incontroláveis.

Nem tudo se pode conseguir – dizia-se e diz-se a toda hora.

Já que não pode fazer a sua vida conforme seus sonhos, faça da sua vida um sonho – filosofa-se.

Nem tudo é possível – proclama-se.

Jesus, no entanto, restabelece a Verdade: "Tudo é possível àquele que crê".

Há uma explicação lógica para as contradições existentes entre essas duas maneiras opostas de ver a vida: o Poder, a Sabedoria, a Verdade e a Divindade estão na mente subconsciente, mas a vida é regida pela mente consciente. Se a mente consciente não alcançar as profundezas do subconsciente, não chegará ao Poder, à Sabedoria, à Verdade e à Divindade. Pois, é isto que vem acontecendo, daí as limitações, as frustrações, as impossibilidades e os fracassos da humanidade. O homem tem Sabedoria para criar, discernir e escolher o melhor para si; tem Poder para realizar o que deseja; tem a Verdade para harmonizar-se com o Bem; e tem a Divindade que o coloca em comunhão com Deus; mas vive como se não tivesse nada disso, pois é comandado pela mente consciente e esta não atingiu as dimensões superiores do subconsciente. A grande evolução humana se dará quando acontecer a conquista dessa dimensão interior. Então, o ser humano será o que é e não apenas sombra de si mesmo.

Jesus foi o que mais profundamente alcançou esta Verdade e a revelou insistentemente. Mas a humanidade, por força dos seus condicionamentos milenares, ainda hoje custa a acreditar na sua dimensão superior, e continua, em grande parte, mergulhada em diminuto espaço mental.

Mas, neste momento em que estamos abrindo as portas do terceiro milênio, chamado o milênio do espírito, começam a ocorrer grandes descobertas a respeito da verdadeira realidade da criatura humana: a mente consciente descobriu a sua altura divina, reconhecendo a existência de Sabedoria e Poder Infinitos na sua dimensão mais profunda.

Todo esforço e estratégia consistem em abrir caminho para o contato com a mente subconsciente, onde reside o tesouro que a traça não corrói e a ferrugem não carcome, como dizia Jesus.

Todo esforço e estratégia consistem em abrir caminho para o contato com a mente subconsciente, onde reside o tesouro que a traça não corrói e a ferrugem não carcome, como dizia Jesus.

Enquanto alguém não chegar à casa interior do Pai, fará parte da legião daqueles que "sabem que não podem e daqueles que sabem que podem mas nada fazem".

LUTAS E CONTRADIÇÕES

A mente consciente pode debater-se em contradições que levam ao niilismo. Por exemplo, suponhamos que você deseja ardentemente a cura do seu câncer. A Sabedoria Interior garante que tudo tem cura, que você é maior do que a sua doença, mas os conhecimentos da mente consciente opõem-se, dizendo que este câncer é incurável, que o mal está avançando, que de nada adiantaram os tratamentos até aqui e que sua situação é irreversível.

A Sabedoria Interior aceita como verdade os ensinamentos do Mestre Jesus, que afirmou decisivamente que a fé cura todas as enfermidades, mas a sua cultura tradicional insiste que o seu câncer não tem solução.

Em qual dessas posições mentais fixar-se-á o seu subconsciente?

Esta é a grande questão, porque tudo o que o subconsciente aceita como verdade – executa.

É fora de dúvida que você acredita na gravidade e na incurabilidade da sua doença – e é isso que vai acontecer.

Dê o grande salto para a sua dimensão mais alta.

O que desgraça tanta gente é não conseguir desamarrar-se dos conceitos e preconceitos do passado.

Sabem que podem, mas continuam pregados ao chão.

Sabem que existe um poder ilimitado na mente, mas fracassam na prática.

Mentalizam o que querem, mas acreditam no que não querem.

Não se contradiga mais.

Dê o grande salto para a sua dimensão mais alta.

Acredite no seu poder, mesmo contra todos os que descreem.

Grave, sobre todas as paredes da sua mente, em letras garrafais, a afirmação do Mestre: "Quanto ao poder, quem tem fé tudo pode".

> *Grave, sobre todas as paredes da sua mente, em letras garrafais, a afirmação do Mestre: "Quanto ao poder, quem tem fé tudo pode".*

Repita: "Quem tem fé, tudo pode. Tudo pode. Eu posso. Eu tudo posso".

Vá firme na direção das suas metas, porque o pensamento cria, o desejo atrai, a fé garante, o poder realiza.

A distância entre a derrota e a vitória é muito pequena: apenas a distância de um pensamento.

Conheci um amigo que, certo dia, caiu num rio. Não sabia nadar. Debateu-se desesperadamente para salvar-se até que, sem forças, exausto, entregou-se. Ao afundar, viu que a água não tinha mais que meio metro de profundidade.

Como diz o ditado, muita gente morre na praia.

Você, porém, é um vencedor.

Compreende que a sua força está no seu pensamento acreditado.

A distância entre a derrota e a vitória é muito pequena: apenas a distância de um pensamento.

Assim como a força de Sansão, o famoso personagem bíblico, estava no seu cabelo, o seu poder está no seu pensamento.

Quando surgirem pensamentos contraditórios, negativos, pessimistas, mesmo que encouraçados nas experiências do passado, substitua-os decididamente por pensamentos de fé naquilo que você busca.

- Crede que tendes alcançado e alcançareis – ensinou o Mestre.

Saiba que – como já escrevi – existem quatro tipos de pessoas: as que criam na mente os desejos e fazem com que aconteçam; as que esperam as coisas acontecerem; as que se perguntam: O que foi que aconteceu?; e as que se revoltam contra o que aconteceu.

Seja você do primeiro grupo.

"Se tu podes crer, tudo é possível ao que crê" – repetindo o Mestre.

Todos os mestres da mente insistem nesta verdade.

Proclame você também: "Eu posso, sei que posso e faço uso deste Poder. Agora e sempre".

OS QUE SABEM QUE PODEM E REALIZAM O PODER

O pensador alemão Goethe escreveu: "Não basta saber, é preciso aplicar; não basta querer, é preciso fazer".

Todos aqueles que descobriram a grandiosa verdade de que pensar é poder e seguem confiantes nesta direção – esses alcançaram o segredo dos segredos, contido na terceira afirmação do meu sonho.

Os que sabem que podem e realizam o Poder – têm certeza irrevogável de que nada e nem situação alguma pode reverter a verdade. São os que criam o próprio destino e sabem que o destino, ou seja, a vida, jamais irá contradizer o que determinam.

Como escrevi na poesia PENSAR É SER:

Os fatos não vão na frente
Da vida e dos seus efeitos.
Os fatos é que são feitos
Do seu próprio pensamento.
Mudando sua cabeça
Nova vida já começa
Neste preciso momento.

As pessoas felizes, amáveis, ricas, bem-sucedidas, saudáveis, agradáveis, positivas, otimistas, conhecem e põem em prática esta Sabedoria interior.

O saber é o avião; a prática do saber é o piloto que

conduz o avião para onde desejar. De nada vale só o avião, como de nada serve só o piloto sem aeronave. Avião e piloto é que fazem o voo, alcançando o destino desejado.

O supremo uso da inteligência é saber e realizar o saber.

Por sinal, o princípio é bem mais simples: ao pensamento segue-se a reação; à reação segue-se a ação e à ação segue-se a materialização.

Pensamento e materialização identificam-se como verso e reverso da mesma moeda, desde que a mente tenha aceitado este princípio como evidente, infalível e irresistível.

> *Pensamento e materialização identificam-se como verso e reverso da mesma moeda, desde que a mente tenha aceitado este princípio como evidente, infalível e irresistível.*

Assim como você coloca tranquilamente a água no fogo quando deseja aquecê-la, mesmo que vinte mil pessoas gritem na sua cara que tal não acontecerá, da mesma forma deve agir diante do princípio de que o seu pensamento, desejado e acreditado, imbativelmente tornar-se-á realidade física.

Antes eram os outros que riam da sua ingenuidade; agora é você que ri da ingenuidade e ignorância dos outros. Ri, é claro, no bom sentido, condescendente.

A SABEDORIA QUE EXISTE EM VOCÊ

A mais fantástica descoberta deste novo milênio é a existência da Sabedoria infinita e do Poder ilimitado em toda criatura humana, porque com isto desmoronam, como castelos de areia, todas as barreiras que poderiam impedir a plena e total realização de cada indivíduo.

A Sabedoria é a Fonte de todo o conhecimento, em cada um. Na linguagem da religião, é a presença do Espírito Santo, cuja invocação manifesta na mente os dons da sabedoria, do entendimento, da ciência, do conselho, dos carismas.

A mente é a dimensão humana do espírito. Este é a presença divina na mente.

> *A mente é a dimensão humana do espírito. Este é a presença divina na mente.*

O conhecimento, pois, pode ser haurido diretamente da Sabedoria imanente no Espírito, através da intuição ou de revelação interior, bem como pode ser conseguido pelo aprendizado, pela transmissão de outras mentes, assim como também através de experiências, de informações, da ciência, dos Meios de Comunicação.

Razão tinha o filósofo Ralph Waldo Emerson, quando escreveu: “Em realidade, somos mais do que conhecemos de nós próprios e, com frequência, ouvimos sair de nossos lábios coisas que não acreditávamos ser capazes de dizer".

A medida normal do nosso conhecimento é o que se consegue fazer aflorar à tona da mente consciente, mas isto não passa de uma minúscula parcela do todo.

Já ouviu falar dos gigantescos icebergs, que flutuam nos oceanos? São imensas montanhas de gelo. Um deles levou ao naufrágio o maior transatlântico de todos os tempos: o famoso Titanic, na sua viagem inaugural, em 1912.

Os icebergs deixam à vista, sobre a água, não mais de quinze por cento do seu tamanho total.

É uma pálida imagem da mente humana. A sabedoria que aparece à tona da mente é uma minúscula parcela da Sabedoria Infinita.

Mas, não é o desconhecimento deste detalhe que irá impugnar a verdade. Na medida em que você chegar à Fonte, mais poderá extrair dela.

Há pessoas que nunca chegam à Fonte e, então, passam a vida inteira na ignorância, no sofrimento e na miséria. Estas sabem alguma coisa, mas não sabem que têm a Sabedoria.

Certa vez, um Príncipe passava por uma cidadezinha, em sua carruagem dourada, quando foi abordado por um mendigo que lhe suplicava esmola para não morrer de fome. O Príncipe ficou com pena do miserável e convidou-o a subir na carruagem. Levou-o ao Palácio, mandou lavá-lo, dar-lhe roupas finíssimas, tratar seus males, alimentá-lo bem e, por fim, despediu-o, devolvendo-lhe o alforje.

Tempos depois, ao passar pelo mesmo lugar, o Príncipe viu novamente o seu antigo hóspede na miséria, esfarrapado, famélico, pedindo esmola.

- Como?! – surpreendeu-se o Príncipe. – Você continua pedindo esmola?!

- Sim, meu Príncipe. As provisões acabaram, o dinheiro acabou e me vi novamente na miséria.

- E o que é que você fez com a pérola valiosíssima que lhe dei na hora da partida?

- Engano seu, meu Príncipe. Não recebi nada.

- Como não?! Depositei-a no seu alforje. Com ela, você pode viver rico e afortunado para sempre.

O miserável ficou perplexo. Abriu o alforje e realmente encontrou a pérola no fundo da bolsa.

O desgraçado era rico e não sabia. Tendo uma fortuna consigo, passava fome e sacrifícios sem fim. De nada adiantava ser dono de tesouro inesgotável enquanto não sabia da existência dele. Julgando-se miserável, vivia na penúria e na desgraça.

O grande sábio da bíblia, Salomão, disse: "O princípio da sabedoria é trabalhar por adquiri-la".A Sabedoria já existe em você. Nada mais é mister senão adquiri-la, isto é, chegar até ela, para usufruí-la.

É o que acontece

com grande parte da humanidade: porque vivem nas agruras e nas privações, negam a existência da riqueza infinita dentro do seu alforje interior. São ricos, mas, não tomando conhecimento da mina do tesouro, seguem seu caminho na maior indigência e ignorância.

O grande sábio da bíblia, Salomão, disse: "O princípio da sabedoria é trabalhar por adquiri-la".

A Sabedoria já existe em você. Nada mais é mister senão adquiri-la, isto é, chegar até ela, para usufruí-la.

Se você não chegar à fonte, como pode recolher água?

Certa vez, um agricultor seguia pela estrada com sua carroça cheia de produtos coloniais. Aproximou-se dele um citadino, metido a esperto, e gritou para o colono:

- Oh, seu matuto, me dá carona aí na carroça!

Antes que o agricultor abrisse a boca, já estava o homem encarrapitado solenemente entre sacos e vasilhames.

Longas horas a carroça foi andando até que se viu, ao longe, a silhueta de uma cidade.

- Graças a Deus que essa tartaruga está chegando à cidade de Bonfim.

- Não, meu amigo – falou o campesino – essa é a cidade de Santo Antônio. Bonfim fica para trás, pertinho do local onde você embarcou.

- Mas, por que você não me avisou?! – apavorou-se o citadino.

- Em primeiro lugar, porque você não me perguntou;

em segundo lugar, porque você é muito inteligente e deveria saber para onde vai.

Por vezes, isso acontece com muita gente: vão indo para o lado contrário do desejado, mas acham que sabem tudo e nada perguntam a ninguém.

Quem crê que sabe todas as respostas, com certeza não se fez todas as perguntas.

Se você vai à procura da Sabedoria longe de você, está se afastando cada vez mais dela.

Fora de você, pode encontrar a ciência, a cultura, as crenças, as informações. Buscar e armazenar estes conhecimentos é uma das atividades da mente consciente.

A Sabedoria está dentro.

A MENTE CONSCIENTE

A mente possui duas características: a mente consciente, que é a parte da mente que pensa, raciocina, analisa, deduz, induz, imagina, censura, capta pelos sentidos, projeta, idealiza, busca, aceita, rejeita, seleciona, determina, hesita, transmite, cria; e a mente subconciente, que cumpre as ordens emanadas da mente consciente.

A mente consciente é objetiva, analítica, seletiva, criadora, determinante.

Trata-se da parcela da mente capaz de criar algo do nada, portanto aí está a fonte inesgotável, de onde você extrairá o que bem entender.

Para onde você dirige a mente consciente – para aí

irá a sua vida.

Os pensamentos, as ideias, as afirmações e negações, as ordens, os desejos, as orações, as mentalizações, as fórmulas, as imaginações, as noções, são originários da mente consciente.

O conhecimento do conhecimento, ou seja, a consciência do que você sabe, é obra da mente consciente.

Toda pessoa tem em si a fonte da Sabedoria, mas isto só tem valor, finalidade e utilidade, quando chegar à mente consciente.

O QUE É A VERDADE?

O conhecimento recolhido do exterior e de outras pessoas, pode ser verdadeiro ou falso. Portanto, por si só, não é paradigma da Verdade.

Até mesmo as mensagens transmitidas por espíritos desencarnados – se isto fosse possível – não significariam obrigatoriamente verdades absolutas ou informações exatas, já que, em última análise, são seres humanos com as mesmas limitações que você tem.

Os parâmetros de conhecimento da mente consciente – e entre eles menciono as crenças religiosas – não são, em si, garantias de Verdade. Podem ser fruto de equívocos, de tradições, de hábitos de antepassados, da visão parcial do todo, de estudos recolhidos por mentes esclarecidas mas nem sempre infalíveis.

O que é a Verdade?

Onde está a Verdade?

Como se identifica a Verdade?

Ainda hoje o que é verdade para uns, não o é para outros. Mas, a Verdade, em si mesma, deve existir. Jesus se dizia possuidor da Verdade e ensinou o caminho para se chegar a ela.

Assim falou aos judeus que acreditavam nele:

" Conhecereis a Verdade e a Verdade vos libertará".

Acontece que a palavra é susceptível de muitas interpretações, daí a dificuldade de se alcançar sua essência.

A verdade é a absoluta e perfeita coincidência entre a palavra e a realidade que ela determina. Por exemplo, se eu digo que o Brasil situa-se na América do Norte, a palavra não coincide com a realidade expressada, porque o Brasil fica na América do Sul. Não há, portanto, verdade nesta afirmação.

> *Alcançar a Sabedoria é a grande façanha do ser humano.*

Como o ser humano tem a mente muito limitada, não lhe é fácil alcançar a dimensão maior e mais completa da Verdade.

Mas, Deus, ao criar o homem, tratou de solucionar este impasse: colocou a Verdade nas profundezas da mente subconsciente. É o secreto onde habita a Sabedoria, ou o Espírito da Verdade, como ensinou Jesus.

Alcançar a Sabedoria é a grande façanha do ser humano. Porque não basta que exista a Verdade no interior da pessoa; é necessário que a mente consciente chegue aos arcanos da Verdade e dela tome conhecimento.

Jesus afirmou que veio para ensinar a Verdade, dar testemunho dela e mostrar o caminho que a ela conduz.

"Eu sou o Caminho, a Verdade e a Vida".

"Vim para dar testemunho da Verdade".

Resta saber se aquilo que eu entendo como a Verdade do Mestre é realmente a Verdade dele.

A Verdade, na sua limpidez absoluta, só pode ser atingida de dentro para fora. É tesouro tão puro, tão precioso, tão ilibado, tão cristalino, que jaz oculto nas mais recônditas profundezas do ser humano. Existe em todas as pessoas – porque todas têm Espírito, Divindade, Sabedoria – mas apenas alguns mestres conseguiram contato permanente, ou semipermanente, ou esporádico, com a Fonte.

O filósofo Sócrates, (469-399 antes de Cristo), disse que a verdade não está fora, mas dentro de cada um, adormecida na alma.

Jesus afirmou ser unidade intrínseca com a Verdade ao declarar-se uno com o Pai, com Deus.

Quanto mais profundamente alguém mergulhar na Fonte da própria Sabedoria interior, mais perfeitamente captará a essência da Verdade revelada pelo Mestre.

Muitos, no entanto, vivem apenas na superfície da mente consciente e, por isso, não conseguem chegar ao todo.

PELOS FRUTOS SE CONHECE A VERDADE

Disse Jesus: “Pelos frutos conhecereis a árvore. Toda árvore boa produz bons frutos e toda árvore má produz maus frutos”.

A Verdade, antes de tudo, é parceira do bem; a inverdade é parceira do mal ou do erro.

Os frutos mostrados pela mente consciente evidenciam a árvore da qual foram colhidos.

Quando colhidos da Sabedoria interior, os frutos são sempre bons.

O contato com a Luz divina interior, que é Sabedoria e Poder, é contato com a Verdade.

A pessoa cuja mente consciente expressa erros, preconceitos, desarmonias, angústias, tristezas, violência, mágoas – não conseguiu alcançar a verdadeira árvore, a árvore divina plantada no secreto do ser humano.

Uma coisa é percorrer as fantásticas extensões da mente consciente, outra coisa é chegar às infinitas dimensões da Sabedoria e do Poder imanentes no subconsciente, no secreto, no âmago, no interior, no espírito, seja lá o nome que se der para expressar o que estou dizendo.

Existem pessoas, dotadas da maior boa vontade, do mais elogiável espírito de generosidade e doação, que são capazes de cometer inocentemente arbitrariedades e injustiças, porque seus parâmetros de Verdade estão na superfície e a superfície contém muitas impurezas.

Por exemplo, tome um pêssego na mão e mostre às pessoas que o veem pela primeira vez: os mais afoitos dirão que o pêssego é apenas uma casca colorida e aveludada, pois nada mais percebem que a superfície exterior; outros, mais perspicazes, afirmarão que o pêssego se compõe de uma casca aveludada e mais uma massa especial existente além da pele; já algumas pessoas cultas declararão que o pêssego se compõe de uma casca aveludada, uma polpa carnosa e ainda um caroço muito duro e forte; por fim, restam aqueles que descreverão o pêssego como uma fruta muito gostosa, um caroço forte e duro e ainda uma semente no interior do caroço. Quanto ao aproveitamento, alguém dirá que é veneno, outros afirmarão que só se come a polpa; alguns insistirão que só se utiliza o caroço para plantar e nada mais; finalmente existirá alguém que mostrará tudo o que há de proveitoso na fruta total.

Assim acontece com a Verdade.

VERDADES E INVERDADES

Enquanto você se deixar levar pela correnteza dos pensamentos agitados, não conseguirá chegar às profundezas da Verdade.

Não chegando lá, a sua verdade será o que sintoniza com suas ideias e inverdade o que não coincidir com suas ideias e crenças.

Jesus referiu-se a estes assim: "Tendo olhos não

veem, tendo ouvidos não ouvem..."

O espírito da Verdade não está na periferia da mente consciente e sim no secreto dos secretos.

Desalentadora, porém, é a atitude daqueles que são apenas o eco das verdades e inverdades dos outros. São escravos mentalmente.

Ou não conhecem a sua dimensão divina ou dela abdicaram.

Fazem lembrar as regras do "bom" funcionário: primeira, o chefe sempre tem razão; segunda, mesmo sem ter razão, o chefe sempre tem razão.

Você não é assim.

Você é espírito superior, inteligente, capaz, honesto consigo mesmo, com elevado discernimento.

Ouve a verdade dos outros, mas se reserva o direito de escolher a sua própria verdade.

Respeita a variedade de alimentos mentais, mas só seleciona para si os alimentos que lhe fazem bem ao espírito.

TOLERÂNCIA MENTAL

Os seres mais nobres e espiritualizados mantêm atitude de respeito e simplicidade perante as crenças, filosofias, teorias e conceitos dos outros.

O Talmude diz: "Sábio é aquele que de todos aprende".

Rabindranath Tagore foi um escritor indiano, que

nasceu em Calcutá, em 1861. Era de família tradicionalmente consagrada à renovação espiritual de Bengala. Publicou diversas obras.

Este pensador espiritualista escreveu: "Se cerrares a porta a todos os erros, impedirás a verdade de entrar".

O que quer que você ouça, leia, veja, aprecie, sempre pode oferecer-lhe subsídios importantes para a evolução da sua cultura e do seu aperfeiçoamento.

Tenha a sua verdade, mas respeite a verdade dos outros. Nem todos estão no mesmo estágio evolutivo.
A Sabedoria é incompatível com a intolerância e a agressividade, porque contém no seu âmago a paz de espírito e a serenidade.

A intolerância e o fanatismo são doenças do pensamento.

Há pessoas que, na ânsia de jogar fora a água suja da bacia, acabam jogando também a criança.

Seja inteligente: não engula tudo, nem rejeite tudo.

Deus lhe deu a capacidade do discernimento.

Faça como o seu organismo, que extrai, dos alimentos ingeridos, os sais minerais, as vitaminas, as proteínas, os químicos, as fibras, enfim tudo o que é aproveitável, e o resto joga fora.

A meditação conduz você à Sabedoria e a Sabedoria o leva à Verdade.

Não despreze os conceitos e preconceitos dos outros. De tudo você pode recolher alguma coisa boa.

Até de um limão jogado na sua cara, você pode fazer uma gostosa limonada.

Tenha a sua verdade, mas respeite a verdade dos outros. Nem todos estão no mesmo estágio evolutivo.

A Sabedoria é incompatível com a intolerância e a agressividade, porque contém no seu âmago a paz de espírito e a serenidade.

O PODER DA PALAVRA

A palavra é a sua força criadora, que nasce na mente consciente.

A palavra é o modo pelo qual o humano exerce a ação divina.

Sim, porque a palavra contém a própria manifestação de Deus no homem.

Deus é chamado a agir através da palavra.

Diz o evangelho de João:

"No princípio era a Palavra, e a Palavra estava com Deus, e a Palavra era Deus. Ela estava no princípio com Deus. Todas as coisas foram feitas pela Palavra; e nada do que foi feito, foi feito sem a Palavra. Nela estava a vida, e a vida era a luz dos homens". (Jo 1, 1-4).

Inicialmente, o apóstolo João disse que a Palavra era Deus. Pode-se afirmar, sem erro, que a palavra é a própria manifestação de Deus através do ser humano.

Deus, que habita o interior de cada pessoa, só pode agir nela através da palavra da própria pessoa. Portanto, a palavra – que é a expressão do faça-se – contém a força divina em seu bojo.

A palavra é a forma que contém a substância criadora. Assim como a semente contém a essência da vida, a palavra reúne em seu âmago a força criadora vital.

Enquanto Deus não havia criado seres da sua própria espécie, somente Ele era a palavra criadora. Ao criar o ser humano à sua imagem e semelhança, deu-lhe também a palavra para que, com esta, pudesse exercer o poder criador.

O homem, porém, jogado fora da sua casa interior e do seu paraíso, esqueceu que a palavra era seu poder criador e mergulhou nas sombras dos sofrimentos, das incapacidades, das dificuldades e dos fracassos. Usava a palavra para dar nomes e para expressar realidades. Pior ainda: desconhecedor do poder da palavra, usava-a para expressar e criar fracassos, misérias, desamor, violência e enfermidades. Embora continuasse com o Poder nas profundezas do seu ser, não sabia que a palavra era a forma pela qual o Poder se manifesta e a realidade se expressa.

Esquecido desta verdade, entrou pelos descaminhos da pequenez, julgando-se miserável e incapaz.

Há dois mil anos – segundo a crença cristã – Deus enviou seu filho Jesus Cristo para recolocar a criatura humana na sua verdadeira dimensão superior. Ensinou, então, que toda pessoa é filha de Deus e, portanto, tem o poder divino, que é usado através da palavra.

E disse Jesus que tudo o que alguém pede, acreditando que a palavra produz a realidade, assim acontecerá. A esta verdade deu o nome de fé.

A fé – que é a firme convicção na realização da palavra – sempre produz as obras, por mais impossíveis que possam parecer.

A fé – que é a firme convicção na realização da palavra – sempre produz as obras, por mais impossíveis que possam parecer.

Na palavra – diz o evangelho de João – está a vida e a vida é a luz dos homens.

A força da vida e a luz que ilumina os caminhos da humanidade é a palavra.

Mas, o que é a palavra?

É a expressão de uma verdade tida como tal.

Neste caso, a palavra pode ser usada positivamente ou negativamente; em benefício próprio e dos outros ou em prejuízo próprio e dos outros.

Enquanto as pessoas não tomarem consciência deste segredo, perdido ao longo do tempo, continuarão a enfrentar muitos problemas.

Como a palavra nunca perdeu a sua força, o ser humano está de posse de uma energia superatômica e não sabe.

Muitas vezes, usa a energia da palavra negativamente e a bomba explode contra ele mesmo, mas ele supõe que a causa da destruição é outra.

Frequentemente, ele alcança o resultado positivo da palavra, mas entende que o conseguiu aleatoriamente, por acaso, ou por forças estranhas.

Como a palavra nunca perdeu a sua força, o ser humano está de posse de uma energia superatômica e não sabe.

É importante saber que a palavra é a maneira pela qual Deus se manifesta na criatura humana. Por outra, o poder de Deus, imanente no ser humano, se expressa através da palavra.

A palavra é o impulso vital do universo.

A PALAVRA DO FUTURO FAZ-SE PRESENTE

Jesus ensinou: "Tudo o que pedirdes ao Pai, em oração, crendo, alcançareis".

Pedir significa tornar realidade atual a palavra do futuro.

Escrevi, em meus livros, que o homem comum usa a palavra para expressar a realidade, ao passo que o indivíduo evoluído usa-a também para criar a realidade.

Quando a palavra é usada para gerar a realidade futura, neste caso ela transcende o momento atual, avança no tempo e situa-se desde logo no futuro como se fora uma realidade presente.

Como escreveu o apóstolo Paulo: "A fé é a *posse*

antecipada daquilo que se espera, um meio de demonstrar realidades que não se veem".

É a posse antecipada.

João é um homem nervoso. Agora ele usa a palavra para criar uma nova realidade, mentalizando assim: "Eu sou calmo". O poder criador da palavra produz esta nova realidade e o João torna-se calmo.

> *Quando a palavra é usada para gerar a realidade futura, neste caso ela transcende o momento atual, avança no tempo e situa-se desde logo no futuro como se fora uma realidade presente.*

Toda verdade futura busca a imediata realização. Portanto, toda a verdade futura já contém a verdade presente, uma vez que pensamento é realidade mental que incorpora a realidade física.

Com isso, fica claro que não se trata de mentira, nem de utopia, mas sim do uso sábio da Lei pela qual cada um colhe o que semeia.

A LIBERDADE DA PALAVRA

Como a grandeza do homem está na liberdade que lhe foi outorgada por Deus, ele pode usar a força da palavra em qualquer direção e para qualquer objetivo, tanto bom quanto mau.

Aqui reside a diferença entre as pessoas: há as que sabem o poder que detêm e o usam beneficamente e há as que não sabem que toda palavra contém em si mesma a força autoexpressiva e a usam maleficamente.

Olhe ao seu redor e verá pessoas alegres, saudáveis, brilhantes, positivas, agradáveis, bem-sucedidas, em paz, felizes, ricas, autoconfiantes, calmas, vitoriosas, fortes, exuberantes, amáveis, generosas; e verá pessoas tristes, deprimidas, decaídas, negativas, arrasadas, fracassadas, doentias, pobres, egoístas, prepotentes, nervosas, fracas, incapazes, abatidas, angustiadas, preocupadas, problemáticas.

São assim e, na sua maioria, não sabem porquê. Umas pensam que têm sorte e outras se julgam azaradas.

Enquanto não sabem o porquê dos resultados da vida, estão sujeitas a altos e baixos, a sucessos e fracassos.

Dois fatores são necessários para que alguém tenha sucesso: primeiro, que saiba que tudo o que consegue e tudo o que acontece a cada pessoa é resultado da palavra; segundo, que a liberdade deve ser usada para criar na mente aquilo que se deseja de bom da vida.

Que se entende por palavra?

É toda manifestação da mente consciente através do pensamento, da ideia, do desejo, da oração, da imaginação, do pedido, da mentalização, da contemplação e da meditação.

NO SUBCONSCIENTE, A SABEDORIA E O PODER

Nenhum mestre, espiritualista, santo, crente, filósofo, teólogo, duvida que exista em todo ser humano um lugar recôndito, também chamado de secreto, de aposento interior, de casa do Pai, habitáculo de Deus, céu, templo do Altíssimo, Fonte. A Presença que ali se manifesta é denominada de Ser Superior, Força, Subconsciente, Poder Infinito, Sabedoria Infinita, Eu-superior, Eu-maior, Presença Divina, Espírito, Superconsciente, Deus, Pai, Altíssimo e outros nomes.

Jesus expressou-se assim:

"E tu quando orares, entra no teu secreto e ora a teu Pai, que está no secreto..."

"O reino dos céus está dentro de vós mesmos".

"Tudo o que pedirdes ao Pai, em oração, crendo, alcançareis".

O apóstolo Paulo escreveu:

"Sois templos do Altíssimo, que em vós habita..."

Em outro momento, declarou:

"Somos da estirpe divina; nele somos, nos movemos e existimos".

Rajneesh afirmou: "Ir em direção a Deus é voltar-se para dentro".

"Deus se manifesta de dentro" – escreveu Lourenço Prado.

U.S. Andersen, em seu livro "O Poder da Energia

Mental", explicou: "A parte mais poderosa do homem é invisível...Este é o seu Eu Secreto, que está dentro de você, que não é diferente de você, e que, em última análise, é você por completo".

Emile Coué, famoso cientista francês, que se dedicou a curar só pela mente e que fundou a escola mental de Nanci, na França, escreveu em seu livro "O Domínio de Si Mesmo Pela Autossugestão": "Possuímos um poder ilimitado: o espírito".

"La mente és el mayor poder del mundo" – pontificou Dan Custer, em seu livro "La Mente En Las Relaciones Humanas".

William James, pai da moderna psicologia norte-americana, informou: "O poder de mover o mundo está no subconsciente".

Joseph Murphy, autor de trinta e seis livros sobre o Poder da Mente, garantiu: "Nas profundezas do seu subconsciente, à espera de se expandir e de se expressar, há um poder infinito, há uma sabedoria infinita, há um estoque ilimitado de tudo o que é necessário para uma vida perfeita".

Dê um ponto de apoio à sua mente e ela levantará o seu mundo.

A dimensão maior da mente está no subconsciente. Segundo estudiosos, o subconsciente responde por cerca de oitenta por cento do universo da mente.

Nele está o Poder, a Sabedoria, o conhecimento do todo e de tudo.

Nele está Deus, o Pai, o Espírito Santo, a Sabedoria Infinita, o Poder Infinito, a Presença divina.

Tanto a linguagem da ciência do Poder da Mente, quanto a da religião, expressam a mesma verdade.

A MENTE SUBCONSCIENTE

Segundo a ciência do Poder da Mente, o papel do subconsciente é cumprir as ordens emanadas da mente consciente, através do pensamento.

A mente subconsciente é o poder, é a força realizadora. Tudo o que o subconsciente aceita como verdade – executa, transforma em realidade física.

No interior de toda criatura humana, ou seja, no subconsciente, está o Poder Infinito, que age em atendimento à criação mental consciente.

> *A mente subconsciente é o Poder e a Sabedoria, ou nela está o Poder e a Sabedoria, ou através dela se manifesta o Poder e a Sabedoria. Na prática, dá no mesmo.*

Como este Poder sempre se manifesta em resposta aos desejos, aos pensamentos e crenças, sejam bons ou maus, benéficos ou maléficos, cumpre à mente consciente discernir o bem do mal, o positivo do negativo, o benéfico do maléfico, o desejável do indesejável.

Como discernir?

Quando a mente consciente entra em contato com a Sabedoria Infinita, imanente nas profundezas do subconsciente, chega até à Luz que clarifica o bom e o melhor.

Na região da Luz, tudo é Luz, portanto não haverá possibilidade de erros, enganos e negativismos.

A mente subconsciente é o Poder e a Sabedoria, ou nela está o Poder e a Sabedoria, ou através dela se manifesta o Poder e a Sabedoria. Na prática, dá no mesmo.

Seja qual for a sua linguagem, você está sempre diante de uma verdade que eleva o ser humano à altura divina.

"Aquele que tiver fé – disse Jesus – fará as obras que eu faço e fará obras maiores que estas". (Jo 14, 12-17).

Segundo Jesus e todos os mestres da ciência do Poder da Mente – toda criatura humana tem em si mesma o Conhecimento e o Poder.

O nome que se dê ao Centro da Sabedoria e do Poder pouco importa. Aqui chamo de subconsciente.

Importa a você saber o que é a eletricidade ou importa saber que ela existe e usá-la?

Por mais ignorante que seja e por mais confundido, esquizofrênico, neurótico, perturbado, angustiado que esteja – a Sabedoria existe em você.

VOCÊ NÃO É SEUS PROBLEMAS

Não se confunda com seus dramas, sofrimentos e

problemas.

Você não é seus males. A casa não é os móveis velhos, rasgados, estragados, e não é a sujeira que toma conta de todas as peças. A casa é a casa, a sujeira é a sujeira, você é você. Da mesma forma, o seu espírito é a Sabedoria, a Divindade, o Poder, a Presença Infinita, mas a mente pode estar impregnada de erros, de sofrimentos, de negativismos, de depressão, de tristezas e de fracassos. Você, no entanto, não é isso. Distinga uma coisa da outra e ficará fácil libertar-se dos males.

Se você joga terra na água, esta vai ficar suja, mas a água continua sendo água e a sujeira continua sendo sujeira, de tal modo que pode retirar a sujeira da água, deixando esta novamente límpida, como é na sua verdadeira essência.

COMO SE FORMA SUA PERSONALIDADE

A sua realidade atual é a soma de tudo o que está programado na sua mente. Isto forma o seu estado de ser, a sua personalidade. E você age de acordo com esta personalidade. Seu subconsciente, que é seu servo todo-poderoso, reage de acordo com estas instruções e informações emanadas da sua mente consciente.

Mas a sua verdadeira realidade é a essência divina, que contém a Sabedoria e o Poder.

Conclusão: todo hora é hora de voltar à sua verdadeira casa, que é a sua essência interior, onde entrará em contato com a Sabedoria e com o Poder.

A Sabedoria libertará você e o Poder abrir-lhe-á as portas divinas para realizar-se plenamente na vida.

A meditação, a mentalização, o relax, a concentração, a oração contemplativa, levarão você à sua casa interior, onde poderá tornar-se união com o Pai.

Por esse caminho, que pode ser trilhado em qualquer momento da sua vida, tem você condições de criar nova personalidade, agregando qualidades e eliminando traumas, complexos, medos, defeitos, sestros, rompantes.

COMO ACIONAR O PODER

Um provérbio árabe diz que há cinco degraus para se alcançar a sabedoria: calar, ouvir, lembrar, estudar, agir.

Sim, concordo que o primeiro passo é calar, ou seja, acalmar a mente e mergulhar nas profundezas do subconsciente.

Você pode acalmar a mente através do relax, ou da paz de espírito, ou da oração, ou da meditação, ou da contemplação, ou da concentração. São maneiras pelas quais você baixa o ritmo cerebral até atingir a faixa média de 14 ciclos por segundo.

Assim, estará em nível Alfa, o estado mental propício para entrar em contato com o subconsciente, ou, por outras palavras, com o seu Deus interior, com o Pai que habita o seu secreto.

Não é, pois, no barulho e na agitação que se chega ao habitáculo do Pai e sim no silêncio interior.

Nesta postura mental, você deixa-se ficar a fim de ouvir a Voz interior. Se conseguir alcançar as águas calmas e tépidas das suas próprias profundezas – ouvirá a voz da Sabedoria.

Claro que isso nada tem a ver com transe. Este é outro canal, cujo contato aqui não vem ao caso.

Buscamos o estado de lucidez, de iluminação.

Este é o caminho correto do Poder.

ATÉ O IMPOSSÍVEL É POSSÍVEL

Na sua mente consciente, você é limitado. Mas, nas dimensões da mente subconsciente não há limites.

Tudo o que a mente consciente pode conceber, a mente subconsciente pode realizar.

Tudo o que a mente consciente pode conceber, a mente subconsciente pode realizar.

Se a mente consciente conseguir criar o impossível, a mente subconsciente o materializará.

A ciência, portanto, explica a afirmação de Jesus de que tudo é possível e concorda plenamente com ela.

Li, certa vez, de Andrew Matthews: "O mundo é um espelho – o que a gente sente por dentro, recebe do lado de fora".

Li, certa vez, de Andrew Matthews: "O mundo é um espelho – o que a gente sente por dentro, recebe do lado de fora".

A mente subconsciente só é limitada pela mente consciente.

O Poder, imanente no subconsciente, é um oceano, mas dele você retira apenas a quantidade de água que cabe no seu recipiente mental. O oceano está aí, mas se você usar apenas um copo, recolherá nada mais do que um copo de água. Isto não quer dizer que o Poder interior tenha somente a capacidade de um copo: é um oceano. Aquele que vai ao oceano com um recipiente de um milhão de toneladas, retirará um milhão de toneladas de água.

O Poder está aí, na sua plenitude e no seu ilimite. Mas, alguém pode usar apenas uma minúscula parcela desse Poder, quem sabe para mal-e-mal sobreviver. Outro pode acionar o Poder para alcançar maravilhas. O que faz a diferença é a ordem emanada da mente consciente. Esta ordem chama-se pensamento.

Diz o ditado: "Se o morcego não vê a luz, não é por culpa do sol".

Se você é pobre e frustrado, não é pela incapacidade do seu subconsciente, mas pelo uso sofrível do poder criador da mente consciente.

Lembre-se: a mente consciente cria e a mente subconsciente realiza.

Se a mente consciente consegue imaginar o impossível, a mente subconsciente moverá céus e terras para torná-lo realidade física.

Lembre o Mestre:

- Se tu podes crer, tudo é possível ao que crê.

Numa outra ocasião, proclamava o Nazareno: "Aquilo que para os homens é impossível, para Deus é possível".

Como Deus habita o interior do ser humano, e Deus sempre se manifesta em resposta à palavra, tudo é possível a qualquer pessoa.

O milagre, portanto, está ao alcance de todos.

Medite na grandeza incomensurável deste ser criado à imagem e semelhança de Deus. Este ser é você.

Sinto vontade de repetir aqui uma afirmação de U. S. Andersen: "O subconsciente é capaz de tornar-se qualquer coisa. Nele está todo o conhecimento de todos os acontecimentos, de todos os procedimentos, de todas as pessoas, do presente, do passado e do futuro. É a mente cósmica e universal. É a mente de Deus".

O SUBCONSCIENTE É O SEU MICROCOSMO FANTÁSTICO

A extensão da mente subconsciente não tem horizontes. Por mais que você amplie a capacidade e a potencialidade, sempre sobrará espaço imenso, que se perde na dimensão inescrutável do tempo, do espaço, da vida e do infinito.

Esta reflexão conscientizará você de que o microcosmo do ser humano é tão imenso quanto o macrocosmo; por isso, há um caminho sem fim a percorrer, até que cheguemos a explorá-lo condizentemente.

Na verdade, estamos recém no limiar da descoberta das potencialidades da mente humana. Vivemos ainda uma vida muito primitiva, eivada de erros, de sofrimentos, de percalços e frustrações.

Somos tão ignorantes que vamos buscar nos outros aquilo que já temos dentro de nós.

O grande Confúcio dizia: "O homem superior busca em si mesmo tudo o que quer; o homem inferior o busca nos demais".

No dia em que a humanidade se conscientizar desta verdade, o mundo será diferente: entraremos, em definitivo, na era mais grandiosa da história humana.

Não importa a distância que o separa de você mesmo: vale tomar conhecimento, rejubilar-se e buscar, de imediato, a conquista da sua própria grandeza. Um palmo que avance hoje é um palmo a mais de conquista e um palmo a menos que o separa do seu ápice.

Felizmente, neste limiar do terceiro milênio, a humanidade está se voltando de corpo e alma para as conquistas do mundo mental e espiritual e os resultados colocarão a vida humana a uma altura jamais imaginada.

Não há exagero no que estou afirmando. Negar esta verdade é desconhecer a grandeza do ser humano.

A finalidade deste livro é colocar você a par da sua verdadeira realidade.

Não importa a distância que o separa de você mesmo: vale tomar conhecimento, rejubilar-se e buscar, de imediato, a conquista da sua própria grandeza. Um palmo que avance hoje é um palmo a mais de conquista e um palmo a menos que o separa do seu ápice.

Ninguém deseja aquilo que não conhece – diz a sabedoria latina. Daí que o primeiro passo é conhecer esta verdade. Depois, vem o atingir. Mas, se não sabe da existência de algo, como pode chegar lá?

A HISTÓRIA DA ÁGUIA

Um belo dia, um caçador dirigiu-se à floresta a fim de abater algum animal para a refeição da noite. Encontrou um filhote de águia e levou-o para casa, colocando-o no galinheiro, junto com as galinhas.

A águia cresceu como galinha, vivendo como galinha, agindo como galinha, alimentando-se como galinha. A dimensão da sua vida era o galinheiro.

Passados alguns anos, esteve naquela casa um zoólogo e, vendo a majestosa ave, exclamou:

- Olha lá uma águia!

O caçador retrucou:

- Sim, era uma águia, mas agora não passa de uma galinha.

- Não concordo – rebateu o zoólogo. – Ela continua sendo águia. Vamos fazê-la voar como águia.

- Não conseguirá – insistiu o caçador. – Foi criada como galinha e será sempre galinha. Não existe mais a águia nessa criatura.

- Vou mostrar-lhe que continua sendo águia.

O zoólogo entrou no galinheiro e tomou a águia nas mãos, ergueu-a o mais alto que pôde e gritou:

- Voa, águia. Tu não és galinha. Tu és uma grandiosa águia. Voa!

A águia olhou para baixo, viu as galinhas ciscando no terreiro e jogou-se para o chão, misturando-se entre as companheiras de vida.

- Eu não disse?! – vitoriou-se o caçador. – Pode perder as esperanças. Esse bicho não passa de uma galinha um pouco diferente. Nada mais.

- Espere – pediu o zoólogo, sem dar-se por vencido. – Vou fazer mais uma experiência.

Pegou a águia, subiu com ela até a cumeeira da casa e incentivou-a:

- Vamos! Voa! Solta-te. Tu podes. Tu não és galinha. Liberta as majestosas asas. Vamos!

A águia sacudiu-se timidamente, olhou para baixo, viu novamente as galinhas perambulando pelo galinheiro e atirou-se para junto delas, metendo-se na sua vidinha de sempre.

- Eu falei – gritou o caçador.

- Amanhã eu voltarei – encerrou o assunto o zoólogo.

No dia seguinte, de manhã bem cedinho, foi ao galinheiro, pegou a águia e subiu com ela até o alto de uma montanha. Nas grimpas do penhasco descortinava-se um panorama grandioso: lá embaixo o imenso vale, vendo-se pequenina, quase sumida, a casa do caçador, com seu minúsculo galinheiro. Diante do homem e da águia pousada no braço dele, o esplendor do céu azul começando a iluminar-se de sol.

- Aqui é teu lugar! – exclamou o zoólogo, tentando entabular um diálogo com a ave. – Esta é tua vida: voar pelos cumes das montanhas e mergulhar no azul sem fim do céu. Vai, levanta voo!

> *Usando a parábola, você é águia. Não se imagine galinha.*

A águia sacudiu as asas, levantou a cabeça, mas deixou-se ficar estática, totalmente desencorajada. Nunca tinha voado e diante dela surgia um precipício perigoso.

- Tu és uma águia – insistiu fortemente o zoólogo. – Não, tu não és galinha. Tu és uma águia. Foste feita para voar nas alturas infinitas do céu. Tu não és da terra; és do céu. Tu podes voar. Solta-te.

Neste instante, o sol nascente irradiou sua luz esplendorosa sobre o pico da montanha, doirando a águia e tocando-a com a magia do seu brilho.

A ave estremeceu de prazer e de energias. Sentiu o ímpeto da sua vigorosa e exuberante natureza, agitou as imensas asas de dois metros, inflou o peito, levantou o bico e lançou-se no espaço, voando, voando, sem olhar para trás.

Descobriu sua verdadeira identidade, reconheceu sua imponente potencialidade e seguiu voando pelo azul do céu, ancorando, de vez em quando, nos cumes mais altos das montanhas.

Esta história assemelha-se um pouco com a vida humana.

Você é da espécie divina, tem Poder Infinito, Sabedoria Infinita, mas vivia e vive como ser miserável, impotente, dominado pelas contingências menores do dia a dia.

Usando a parábola, você é águia mas vive como galinha.

As descobertas, cada vez mais fantásticas, da grandeza humana, colocam-no à altura da sua divindade; mas outros teimam em dizer-se galinhas.

- Não há como ser diferente – raciocinam eles. – Sempre vivemos como galinhas, alimentamo-nos como galinhas, ciscamos a vida como galinhas, nos confinamos nos estreitos limites do galinheiro e, portanto, tudo o mais é ilusão e fantasia exasperada.

Aqueles, porém, que descobriram a verdadeira identidade do ser humano, tentam incentivá-lo a erguer-se mais, insistem em mostrar-lhe sua origem superior, buscam convencê-lo de que foi feito para voar alto e realizar-se plenamente.

Você acostumou-se a olhar para baixo e cita os mestres que lhe ensinaram que o ser humano é pó da terra, minúsculo grão de areia, verme rastejante, pecador nato, ser decaído. Por outro lado, outros mestres, entre os quais Jesus Cristo, revelam-lhe a sua verdadeira realidade de filho de Deus, templo do Altíssimo, habitáculo do Pai e do Espírito, ser todo-poderoso, dono do universo.

Colocam-no à altura inexplorada da sua própria dignidade e grandeza, mas você está acostumado a olhar para baixo, a ciscar a terra.

Há um ditado que reza assim: "Quem com farelo se mistura, porcos o comem".

Quem vive rastejando à raiz da terra, não passará de verme ou de grão de areia.

Mas, você está ouvindo alguém dizer-lhe que é muito mais do que isto.

Não há como rejeitar a verdade proclamada de que você tudo pode, de que é você quem faz a sua vida, que foi feito para o alto e não para o sofrimento e a miséria.

Sei que a sua situação teima em conduzi-lo aos pequenos espaços vitais a que estava acostumado a viver. Era o que acontecia com a águia, habituada a viver entre as galinhas. Nem por isso, no entanto, deixava de ser águia.

Por pior que seja a sua vida, acredite que é filho de Deus e que o Poder Divino se manifesta em você.

Sua palavra de grandeza levará você à grandeza.

Sua palavra de poder conduzirá você ao poder.

As asas que farão você voar para onde quiser – são os seus pensamentos criadores.

Gnoti seauton – dizia o filósofo grego Sócrates. Quer dizer: Conhece-te a ti mesmo.

É este autoconhecimento que lhe dará todas as condições para alcançar as dimensões insuspeitadas da sua grandeza e do seu poder.

John K. Williams, em seu livro "O Poder do Seu Subconsciente", escreveu: "Não há nada de grande na terra a não ser o homem, e, no homem, não há nada de grande a não ser a mente".

Eu poderia continuar o pensamento, acrescentando: "E não há nada de maior na mente do que o espírito que a informa, assim como não há nada de maior no espírito a não ser o Deus que o habita".

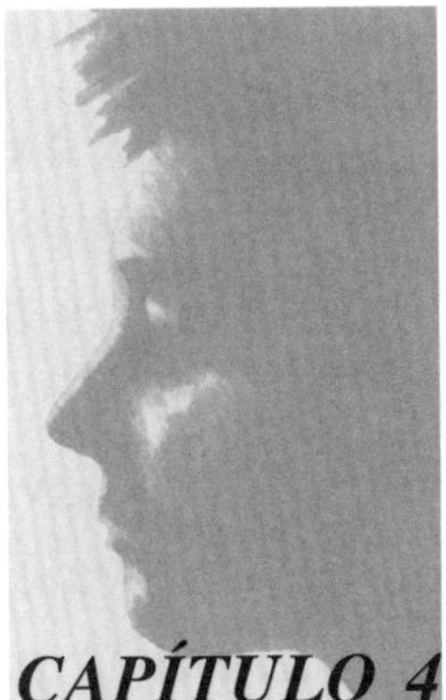

CAPÍTULO 4

Terceira dimensão do ser humano: espiritual

Você viu, até aqui, que a criatura humana é, por definição, animal mental.

Agora juntamos a terceira dimensão: espiritual.

O vocábulo espiritual vem de espírito.

O que é o espírito imanente no ser humano?

Há muitos significados para a palavra espírito, o que pode gerar dificuldade de entendimento.

O dicionário Aurélio traz os seguintes significados: 1. A parte imaterial do ser humano: alma. 2. Entidade sobrenatural ou imaginária, como os anjos, o diabo, os duendes. 3. Pessoa dotada de inteligência ou bondade acima do comum: é um grande espírito. 4. Ânimo, índole: tem espírito forte.

Os evangelhos também falam do espírito, com diversos sentidos.

Disse Jesus:

"Vigiai e orai para não cairdes em tentação; o espírito está pronto mas a carne é fraca".

"Ele vos dará o Consolador...O Espírito da Verdade".

"As palavras que vos digo são espírito e vida – a carne nada vale".

Há uma passagem dos evangelhos que me parece esclarecedora: "E então Jesus a tomou pela mão e bradou: Menina, levanta-te! Nisto, voltou-lhe o espírito e ela se levantou imediatamente". Este episódio refere-se à ressurreição da filha de Jairo. (Lc 8,55).

Espírito, no caso da definição humana, é a Vida, que sempre é perfeita, em cada pessoa.

A mente pode estar perturbada, mas o espírito é a Vida límpida, perfeita; a fagulha divina; o Sol interior; a Luz.

Espírito, no caso da definição humana, é a Vida, que sempre é perfeita, em cada pessoa.
A mente pode estar perturbada, mas o espírito é a Vida límpida, perfeita; a fagulha divina; o Sol interior; a Luz.

Há diferença entre mente e espírito?

Muitas vezes, os escritores usam as duas palavras sinonimamente.

Mas há diferença, embora um tanto quanto sutil: o espírito é a Essência superior; a Vida superior; a parte que torna o ser humano da espécie divina; é o que faz uma pessoa imagem e semelhança de Deus; e a mente é a soma do espírito mais a dimensão consciente e subconsciente, que fazem a individualidade de cada ser humano.

A mente contém a inteligência; o espírito, a Sabedoria.

Cada pessoa se identifica e se individualiza pela mente.

O espírito é a Divindade da criatura humana, a Vida que sempre é, por isto admitimos que o ser humano teve princípio porque criado, mas não tem fim porque é espírito. Eis a razão da crença na imortalidade.

Você, diante de si mesmo, da humanidade, do universo e de Deus, é a sua mente. Esta é que faz a realidade da sua pessoa. Ela expressa você.

Você se identifica pela sua mente, pois ela determina a dimensão total do seu mundo interior e exterior.

O espírito é a Vida, a parte humana imortal, imperecível.

Quando digo que todo indivíduo tem característica espiritual, coloco uma verdade sacramentada por todas as religiões e pelos grandes mestres e pensadores.

O espírito diz respeito ao Alto, à Divindade, a Deus; a mente diz respeito ao humano.

A mente contém a inteligência; o espírito, a Sabedoria.

A mente, neste caso, é o mesmo que alma.

Perder a alma, por exemplo, é afogar a mente pelos ódios, ressentimentos, violências, negativismos, desgraças, sofrimentos, fracassos, erros, frustrações, depressões, desespero, pessimismo.

Quando uma pessoa se suicida, quer acabar com os sofrimentos da mente, mas esta subsiste, porque é fusão com o espírito. E este, como disse, é imortal. Suicídio é equívoco grosseiro, não fosse fruto do desatino.

- Por que toda pessoa tende a ligar-se ao mundo espiritual?

Exatamente porque o espírito, que faz a Essência da mente, conduz naturalmente todo ser humano a uma ligação com o Alto, com Deus, com as Forças Superiores.

Pela mente, chega-se ao corpo; pela mente chega-se ao espírito; pelo espírito chega-se a Deus.

Agostinho de Hipona, que viveu até os 32 anos nos descaminhos, mergulhado em vícios e depravações, certo dia voltou a si e exclamou: "Fizeste-me para vós, Senhor, e minha alma não descansa enquanto não repousar em vós". Este, por assim dizer, foi o brado do seu espírito.

O contato mental da pessoa com seu próprio espírito é possível e é a coisa mais maravilhosa que pode acontecer, porque aí dá-se o encontro com o Poder e a Sabedoria.

Pela mente, chega-se ao corpo; pela mente chega-se ao espírito; pelo espírito chega-se a Deus.

A mente é o elo de ligação com o corpo e com o espírito.

ESPÍRITOS DESENCARNADOS

Nesta colocação não me refiro aos espíritos desencarnados que, segundo algumas crenças, podem aparecer ou se manifestar aqui na terra.

Estou apenas enfocando a definição do ser humano, tomando por base esta vida.

O que se refere à outra vida entra no campo das crenças. A crença é a religião de cada um e a religião de cada um é a verdade de cada um.

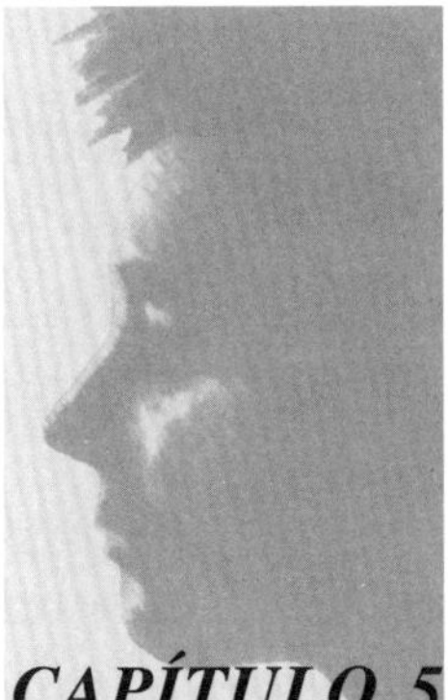

CAPÍTULO 5

Quarta característica da definição humana: o ser divino

O ser humano é divino.

Esta é uma característica inalienável.

É no divino do homem que se situa a "imagem e semelhança de Deus", declarada pela bíblia.

Ao buscar a autoclassificação dentro do concerto geral da criação, o homem há de reconhecer-se animal mental espiritual e divino.

A dimensão humana vai desde o corpo, classificado como parte animal, até a divindade, que determina sua origem e realidade superior.

Um dos maiores pensadores da Igreja Católica foi Agostinho de Hipona. Era filósofo, teólogo, escritor e doutor da Igreja. Conhecido universalmente como Santo Agostinho, viveu do ano 354 a 430. Converteu-se aos 32 anos de idade, tornando-se sacerdote e bispo da cidade de Hipona, na África. Publicou diversos livros.

Escreveu ele, referindo-se a Deus: "Eis que habitáveis dentro de mim e eu lá fora a procurar-vos. Por conseguinte, meu Deus, eu não existiria, eu jamais existiria se não estivésseis em mim".

Diz ainda Agostinho: "Se o homem contém, embora mutável e perecível, verdades eternas, a razão humana deve ter um conteúdo que ultrapassa a própria razão. Tal verdade não provém nem do mundo exterior e nem do homem, mas é realidade universal e necessária, imutável e eterna, o próprio Deus. Imanente e transcendente ao pensamento, Deus só pode ser descoberto e encontrado no íntimo de cada um, ao longo de um itinerário que conduz do exterior ao interior e do inferior ao superior".

Também afirma ele que a alma é pensamento (logos), que se exprime em conhecimentos e se ama a si mesma nesse conhecimento. Ora, análogo a Deus, o homem reproduz o mistério trinitário e, conhecendo-se, conhece-se como imagem e semelhança de Deus. Conhecer-se e amar-se nesse conhecimento é conhecer e amar a Deus, mais interior ao homem do que o próprio homem. (Enciclopédia Mirador Internacional).

Relembrando o apóstolo Paulo: "Somos da estirpe divina: nele somos, nos movemos e existimos".

Nele somos – quer dizer que somos em Deus e Deus é em nós. É mais um documento a confirmar a nossa divindade.

Até aqui, as religiões se ocuparam assiduamente em

mostrar a verdade da existência de Deus, Criador, Pai de todos, dono do universo, nosso Senhor.

Diz o Credo: "Creio em Deus Pai todo-poderoso, criador do céu e da terra".

Aprendi no catecismo, de criança, que Deus está no céu, na terra e em toda parte. É o conhecimento do Deus transcendente.

Agora, porém, desejo ressaltar veementemente a verdade da imanência de Deus no ser humano. O Deus imanente.

Deus é em você.

Se Deus é em você, a divindade é em você. Portanto, você é divino.

A manifestação da Divindade no homem dá-se através da palavra. Aliás, a palavra contém a própria força divina em seu bojo.

A palavra é o faça-se.

A palavra interior expressa-se pelo silêncio da meditação e da oração contemplativa; a palavra exterior manifesta-se pelas múltiplas formas que você já conhece.

Deus é em você. Se Deus é em você, a divindade é em você. Portanto, você é divino.

Todos somos unidade com Deus, por isso todos temos o Poder de Deus.

Se Deus é em você, por que mandar-lhe recados como se ele estivesse longe?

Certo jovem apaixonou-se por belíssima donzela. Mandava-lhe flores, endereçava-lhe lindas cartas de amor, declamava-lhe, em perfumadas folhas de papel colorido, extasiantes poemas.

Um dia, finalmente se encontraram e, ao invés de expressar-lhe a emoção que sentia, a felicidade de vê-la ao seu lado, tomá-la na mão, contemplar-lhe a beleza do rosto e a luz romântica dos olhos, enfim, ao invés de curtir aquela presença tão sonhada, o moço pegou um livro que trazia consigo e leu uma poesia de autor desconhecido, acrescentando frases de pensadores românticos.

> *Você é uno com Deus: por que busca convencê-lo a ouvi-lo quando ele é sempre sua resposta?*

- Deixa isso para lá – ponderou-lhe a jovem. – Agora nos encontramos. Por favor, não use a linguagem da distância. Deixemos que o coração fale, que o corpo cante de prazer, que os olhos saltem de felicidade, que o rosto se ilumine de amor. Palavras alheias não cabem mais. Estamos envolvidos um no outro, portanto não tem sentido declamação ou oratória.

Deus e você são uma unidade, então por que você grita como se estivesse a dez quilômetros de distância?

Você é uno com Deus: por que busca convencê-lo a ouvi-lo, quando ele é sempre a sua resposta?

Deus, que está em você, só pode agir em você por meio de você. Ora, que discurso é esse que você está fazendo?

NÃO SÓ TRANSCENDÊNCIA

A tendência de se prosseguir com o secular método de oração que vê Deus à distância, quiçá além do azul do céu, provém da educação religiosa recebida até aqui, que apresenta a visão de um Deus transcendente, isto é, um Deus que abrange todo o universo e todos os seres do universo, que está aquém e além, que está no céu, na terra e em toda parte.

A transcendência divina é uma verdade.

Mas, na realidade humana há também a imanência: Deus é em você.

A grande descoberta atual é a imanência divina no ser humano. Esta é uma característica essencial de toda pessoa.

Aqui está o divisor das águas: a velha humanidade suspirando por chegar ao Deus das Alturas e a nova humanidade sentindo-se em absoluta unidade com o Deus interno.

Não há que procurar fora o que está dentro.

Não há que sonhar com o que já é realidade.

Você é uno com o Pai.

Não deseje o que já tem.

- Vinde a mim, ó Pai Celestial!! – rezavam os antigos.

- Ó Pai Celestial, que estás em mim! – rezam os que conhecem a legítima realidade da vida humana.

A sua divindade é a imanência de Deus em você.

VOCÊ AGE COM PODER DE DEUS

Como Deus é em você, isto significa que você tem o poder divino.

Através do Poder divino, você tudo pode.

Considere que a sua divindade é a dimensão que o eleva para além das condições materiais, mentais e humanas.

O divino só pode manifestar-se através do humano, portanto é o humano que limita o infinito. Entenda bem: a única limitação é o finito da mente. No entanto, tudo o que você pode pensar, desejar, projetar, imaginar, contemplar, criar na mente - pode realizar.

A partir desta constatação, você compreende melhor a verdade das fantásticas afirmações do Mestre Jesus:

- Quanto ao poder, quem tem fé tudo pode.

- Tudo é possível ao que crê.

- Aquele que crê, fará as obras que eu faço e fará obras maiores ainda do que estas.

A imanência da Divindade projeta a criatura humana ao ilimite, ao infinito.

Por esta característica da essência humana, toda pessoa é, por assim dizer, um deus.

Sim, um deus, e nesta dimensão não existem limites: "Vós sois deuses" - disse Jesus.

Mas é um deus humano e é a condição humana que estabelece fronteiras, limitações.

O divino só pode manifestar-se através do humano, portanto é o humano que limita o infinito.

Entenda bem: a única limitação é o finito da mente. No entanto, tudo o que você pode pensar, desejar, projetar, imaginar, contemplar, criar na mente - pode realizar.

A sua mente é o único limite para a sua divindade. Se a mente pudesse pensar com a mesma capacidade infinita de Deus, poderia realizar o conteúdo desse pensamento. Sabemos, porém, que vai uma distância inatingível entre a mente humana e a mente divina.

Mesmo assim, ninguém pode afirmar, a não ser por ignorância, que não tem poder de alcançar tudo o que criar na mente, porque a Divindade dá a condição.

Jesus não se cansou de revelar esta dimensão da pessoa.

Se a mente pode dizer: "Meu fígado agora está curado", a parte divina pode produzir a realidade.

> *Quem não conhece esta característica do ser humano – a divindade – não consegue acreditar no seu poder inesgotável.*

Quem não conhece esta característica do ser humano – a divindade – não consegue acreditar no seu poder inesgotável. Vive na pobreza e acha que não tem vez na vida, porque as condições lhe são madrastas.

Vive na doença e crê que esta é maior do que suas forças curadoras.

Vive amargurado e supõe que a vida é uma caminhada de desgraças e sofrimentos.

Vive tropeçando de desengano em desengano, com alguma exceção agradável, e pensa que esta é a triste sina da contingência humana.

Vive na escuridão e tece poesias de dor sobre seu mundo obscuro.

Mergulhado na imagem da sua pequenez e impotência, escreve novelas e romances trágicos, produz teatros que somam frustrações sobre frustrações, enfim só sabe transmitir a imagem do seu próprio submundo, no qual subvive.

Seus projetos estão eivados de barreiras.

E o fracasso é a ameaça de cada dia.

Este mundo instável e incontrolável sobrecarrega-o de tensões, que lá adiante vão explodir fatalmente em estresses, depressões, desânimos e doenças sem fim.

Em suma, o preço da ignorância é o sofrimento.

Só há uma maneira de alguém alcançar o mais elevado estágio da vida: reconhecer a sua própria dimensão divina.

De nada aproveita querer vencer na vida e ter sucesso se acredita que há forças superiores que o puxam para baixo e que frustram seus intentos. Assim são os que sonham com as alturas, mas julgam-se condenados aos abismos.

Estes estão cheios de impossíveis.

OH, RAÇA INCRÉDULA!

Há uma passagem na vida de Jesus em que recrimina acerbamente as pessoas que ainda se encontram mergulhadas nas trevas da sua incapacidade.

Certa vez, descia Jesus o monte onde havia acontecido o fenômeno da transfiguração, e encontrou uma grande multidão ao redor dos discípulos que debatiam com alguns escribas.

Jesus perguntou aos discípulos o que é que estavam discutindo. Neste instante, surgiu um homem, do meio da multidão, e falou:

- Mestre, trago à tua presença meu filho, que se acha possesso de um espírito mudo. Esse, quando o apanha, atira com ele para cá e para lá. Espuma, range os dentes e fica todo hirto. Pedi a teus discípulos que o expulsassem, mas não foram capazes.

Exclamou Jesus:

- Ó, raça incrédula! Até quando hei de estar convosco? Até quando vos hei de suportar?...Trazei-mo cá.

Aí estava um menino doente, com ataques de epilepsia, e ninguém foi capaz de curá-lo: nem os médicos e nem mesmo os discípulos. A isto somavam-se a incredulidade dos escribas e o espanto da multidão.

Para Jesus, tudo não passava de um caso banal, cuja

solução estava perfeitamente dentro das capacidades de todos, já que qualquer doença tem cura.

O Mestre havia ensinado, por diversas vezes, que toda doença tem cura e que toda pessoa tem poder sobre a enfermidade. No entanto, os médicos, os discípulos, os escribas e a multidão, achavam que aquele caso não tinha solução.

Jesus teve que vituperar a dureza mental daquela gente. Afinal, não havia ele explicado tantas vezes que, pelo poder divino existente em toda criatura humana, tudo tem cura? Não tinham eles visto tantas curas inexplicáveis? Não apreciaram tantos doentes incuráveis alcançarem a saúde total pelo poder da palavra? Por que então desistiram daquele caso?

Acostumados a viverem nas próprias trevas, tinham insuperável dificuldade de vislumbrar a grandeza do seu poder divino.

Eram como aquelas crianças às quais o professor ensina, repete, exemplifica, torna a insistir, demonstra de novo, mas elas esquecem logo e acabam por incorrer nos mesmos erros.

Ainda hoje, para quem vive no submundo da auto-ignorância, tudo parece difícil e muitas situações afiguram-se insolúveis.

O Mestre não conteve sua justa irritação:

- Ó raça incrédula! Até quando hei de estar convosco? Até quando vos hei de suportar?

São passados dois mil anos e, além de Jesus, milhares de mestres e iluminados continuam insistindo na força superior do ser humano, na Presença divina imanente em toda pessoa, no Poder irresistível que supera qualquer impossível e, no entanto, uma legião imensa se arrasta pelos abismos das trevas, teimando em manter a própria alienação.

Mesmo depois da reação do Mestre contra a incredulidade de todos, o pai do garoto voltou-se para Jesus e, muito sem graça, implorou:

- Se tu podes fazer alguma coisa, tem piedade de nós e ajuda-nos.

Se tu podes! Todos podem. Quantas vezes Jesus disse que todo aquele que pedir, na oração, crendo, alcança?!

Se tu podes – é a marca da ignorância.

> *Por que todos podem? Porque Deus habita o ser humano e a divindade transcende as limitações do homem.*

Se tu podes - é supor que todo indivíduo vive à sombra do imponderável.

Se tu podes – é dizer que o homem é apenas animal racional, nada mais.

Se tu podes – é a abdicação da própria divindade.

Jesus afirmou, mais uma vez, a grandeza incomensurável do ser humano:

- Quanto ao poder, quem tem fé tudo pode!

Novamente recolocou a verdade de forma límpida e

clara: Todos tudo podem, se acreditam que podem.

Por que todos podem?

Porque Deus habita o ser humano e a Divindade transcende as limitações do homem.

Quem reconhece a Divindade interior, sabe que tudo pode. E, se sabe que tudo pode, não é detido pelas barreiras dos chamados impossíveis. Avança sobre os impossíveis e torna-os realidade.

Bem como revelava o Mestre:

- Tudo é possível àquele que crê.

Sim, àquele que crê que tudo é possível.

Para crer definitivamente que tudo é possível, faz-se necessário descobrir que o ser humano é animal mental espiritual divino. Nesta última característica está a capacidade de remover o impossível.

Esta é uma revelação estupenda que põe o homem milhões de anos-luz à frente de si mesmo.

É preciso ressaltar que Jesus não só provou que tem poder, como assegurou que todos têm poder:

- Quanto ao poder, quem tem fé tudo pode.

Você, portanto, tem tanto poder quanto Jesus teve aqui na terra. Sim, falei que você tem tanto poder quanto Jesus teve aqui na terra, porque aqui na terra a divindade dele era circunscrita à sua humanidade.

Foi em razão disso que, certa ocasião, ele manifestou-se assim:

- Em verdade, em verdade, vos digo: "Quem tem fé

em mim fará as obras que eu faço e fará obras maiores que estas". (Jo 14,12).

Jesus não teve medo de fazer um pronunciamento de tal monta.

Parou você, alguma vez, para pensar no conteúdo daquela revelação?

Aos olhos de quem se considera cheio de defeitos, de sofrimentos, de frustrações e limitações, a afirmação do Mestre torna-se inaceitável.

Mesmo sabendo que a imensa maioria da humanidade não tinha condições de compreender esta verdade, nem por isso deixou de revelá-la.

Como acontece ainda hoje, ele correu o risco de ser tachado de louco, de enganador, mas ainda assim continuou abrindo os caminhos que levariam a humanidade à altura da sua dimensão superior.

Esta é uma revelação estupenda que põe o homem milhões de anos-luz à frente de si mesmo.

Até aqui, jazia parado no espaço de sua capacidade mental e física. Por isso, não conseguia superar tantos obstáculos que supunha maiores do que ele.

Hoje a ciência do Poder da Mente chegou à mesma conclusão sobre a existência de um Poder ilimitado e inesgotável na criatura humana, embora talvez não saiba como poderá esta dimensão ser alcançada de maneira estável e infalível.

O primeiro passo, porém, está dado: qualquer pessoa tem Poder de alcançar tudo o que deseja. Este Poder é exercido irresistivelmente pela Força Divina imanente na pessoa.

Este conhecimento colocará a humanidade no patamar das expectativas do terceiro milênio, chamado por alguns pensadores como o "milênio do espírito".

A DIVINDADE É A DIMENSÃO MAIS ALTA DO SER HUMANO

Enquanto a criatura humana jaz mergulhada nas trevas da sua pequenez, nos estreitos limites do seu animal-racional, vê-se cercada e atacada por monstros, demônios, feitiços, forças malignas, maldições, macumbas, malefícios, forças estranhas.

Coloca-se em nível tão baixo que submerge nessas trevas, julgando-as capazes de obscurecerem sua própria luz.

A confusão mental se torna tão grande que pensa que a sombra tem poder sobre o sol.

Só conseguirá livrar-se destas superstições quando descobrir que é um ser não somente humano, como também divino.

A descoberta da Divindade interior coloca-o tão alto que, imergindo na Luz, vivenciará a Luz.

E a Luz é Deus.

Na Luz só existem o bem, a paz, a felicidade, o amor, a abundância, a harmonia, o bem-estar, a saúde, a bondade, a segurança, a certeza, a autoconfiança, a alegria, a energia espiritual e positiva.

Diz o evangelho de João: "Nele estava a Vida e a Vida era a Luz dos homens, e a Luz brilha nas trevas, mas as trevas não a compreenderam".

A Luz, como disse, é a Divindade da pessoa. E esta Luz brilha nas trevas.

Quem alcança esta Luz, ou seja, quem reconhece a sua Divindade, emite brilho poderoso sobre as trevas do mal e da ignorância. Vence as trevas, porque onde há luz não pode haver escuridão.

Infelizmente, muita gente continua ainda nas trevas de si mesma. Enquanto alguém está na sombra, não reconhece e nem compreende a Luz que brilha da sua divindade.

Concorde agora com esta verdade e a Luz brilhará no seu íntimo e na sua vida.

COMO É ACIONADA A FORÇA DIVINA

De nada vale uma pessoa saber que tudo pode, se não sabe como acionar o Poder.

De que serve a grandiosa dimensão divina se a desconhece?

Houve uma vez um reino em que o filho único do rei foi sequestrado e nunca mais o devolveram. Durante muitos anos todos os súditos procuraram em vão o príncipe. Até que um dia levaram um miserável à presença do rei. Este viu uma marca sigilosa na pele do mendigo, reconheceu que era seu filho e o reconduziu à condição real.

Aí está um belo exemplo: de que aproveita você ser uma criatura divina, com Poder divino, se não tem conhecimento desta verdade? Continua sendo sempre o mesmo miserável mergulhado no submundo das suas privações. Também, pouco ou nenhum resultado terá em reconhecer-se Divino, dotado de Poder divino, mas não saber como usar este Poder.

Todo Poder está no exercício da Divindade

Jesus não só revelou que você tudo pode, como ensinou a usar o Poder.

Por incrível que pareça, o Poder é acionado pela maneira mais simples e fácil que se possa imaginar: **a palavra**. Mas a palavra **verdadeira**, ou seja, tida como verdadeira na mente e pela mente. Em suma: a palavra acreditada.

Fé significa acreditar na palavra como sendo verdade absoluta e irreversível.

O exercício da Divindade é feito através da fé.

Assim como toda palavra de Deus contém o poder infalível do FAÇA-SE, igualmente a palavra unívoca, direta, definida e definitiva da criatura humana contém o poder do FAÇA-SE, pois somente esta palavra consegue tocar a Divindade do ser humano. E todo o Poder está no exercício da Divindade.

Como você lê nas diversas passagens da bíblia, Deus nunca usou rituais repetitivos para exercer o Poder criador da palavra.

Disse ele:

- Faça-se a luz.

E a luz foi feita.

A repetição, a insistência, o sacrifício, as velas, as novenas, são usados como meios de criar e fortalecer a fé. Quando esta acontecer, o milagre acontece.

Ensinou o Mestre:

- Crede que alcançareis tudo quanto pedirdes na oração e ser-vos-á dado.

Isso é tudo.

MESMO QUE NÃO O VEJA, DEUS ESTÁ EM VOCÊ

Não é porque alguém não sabe da sua divindade que ela deixa de existir.

O grande escritor russo Leon Tolstoi, que viveu de 1828 a 1910, é autor dos famosos romances "Guerra e Paz" e "Anna Karenina", entre outros.

Certa vez, escreveu o seguinte conto:

"Um aldeão russo, muito devoto, tinha pedido em suas orações, durante anos, que Jesus o viesse visitar uma vez só que fosse, na sua humilde choupana.

Uma noite, sonhou que o Senhor, no dia seguinte, havia de aparecer-lhe; e tão certo ficou de que assim aconteceria que, apenas acordou, levantou-se imediatamente, entregando-se ao trabalho de pôr em ordem a choupana, para que nela pudesse ser recebido o hóspede celeste desejado. Apesar de uma violenta tempestade de granizo e neve, que durou todo o dia, nem por isso o pobre aldeão abandonou os preparativos domésticos, cuidando também da sopa de couves, que era o seu prato predileto, e, olhando de vez em quando para a estrada, sempre à espera da feliz ocasião, não obstante a tempestade continuar implacável.

Decorrido pouco tempo, o aldeão viu que caminhava pela estrada, em luta com a borrasca de neve que o cegava, um pobre vendedor ambulante que conduzia às costas um fardo bastante pesado.

Compadecido, saiu de casa e foi ao encontro do vendedor.

Levou-o para a sua choupana, pôs-lhe a roupa a secar ao fogo da lareira, repartiu com ele a sopa de couves e só o deixou ir embora depois de ver que ele já tinha forças para continuar a jornada.

Olhando de novo através da vidraça, viu uma pobre mulher grávida, à procura do caminho, na estrada coberta de neve.

Foi buscá-la e abrigou-a também na choupana. Mandou-a aquecer-se ao lume benfazejo do lar, deu-lhe de comer, embrulhou-a na sua própria capa, e não a deixou partir enquanto não tivesse readquirido forças suficientes para a caminhada.

A noite começava a cair e nada havia que pudesse anunciar a vinda de Jesus.

Já quase sem esperanças, o pobre aldeão abriu a porta ainda mais uma vez. Estendendo os olhos pela estrada, distinguiu uma criança e percebeu que ela estava perdida no caminho, por causa da neve que caía impiedosamente. Saiu mais uma vez, pegou a criança quase gelada, levou-a para a cabana, deu-lhe de comer e, não demorou muito, lá estava a criança adormecida ao calor da lareira.

Sensivelmente impressionado, o aldeão sentou-se e adormeceu também ao fogo da lareira. De repente, uma luz radiosa, que não provinha do lume da lareira, iluminou tudo! E, diante do pobre aldeão, surgiu risonho o Senhor, envolto em túnica branca.

- Ah, Senhor! Esperei todo o dia e Vós sem aparecerdes – lamentou-se o aldeão.

E Jesus respondeu:

- Já por três vezes, hoje, visitei a tua choupana: o pobre vendedor ambulante, a quem socorreste, aqueceste e deste de comer, era eu; a pobre mulher, a quem deste a tua capa, era eu; e essa criança, a quem salvaste da tempestade, também era eu... O bem que fizeste a cada um deles, a mim o fizeste!"

Este conto de Tolstoi poderia servir de imagem para mostrar-lhe que, quer você saiba ou não, a Divindade habita a sua morada interior e sempre se manifesta através do seu desejo, do seu pedido, da sua oração, da sua mentalização, enfim da sua palavra.

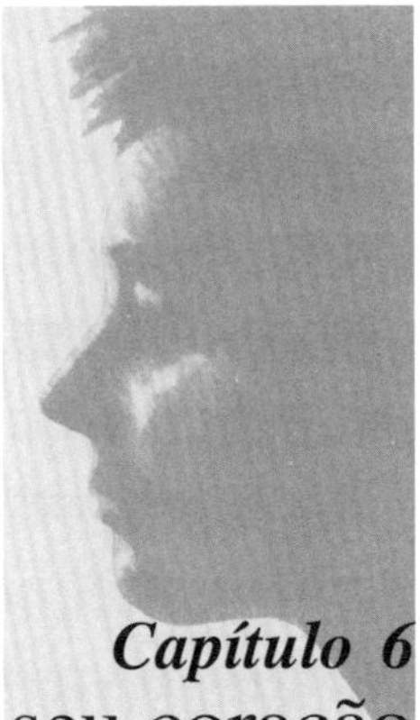

Capítulo 6

Você é o seu coração

De um modo geral, dentro de outra visão, o ser humano é seu corpo, sua mente e seu coração. Neste caso, não se trata especificamente do coração como órgão físico, mas como a sede dos sentimentos, dos afetos e das emoções.

Na verdade, as emoções têm muito a ver com o órgão cardíaco, porque este responde de imediato às situações emocionais de amor, de paixão, de medo, de raiva, de ressentimento, de felicidade, assim por diante.

Já, na antiguidade, os gregos e os persas confeccionavam anéis de ferro imantado, pois, conhecendo o magnetismo, acreditavam que o ímã tinha também o poder de atrair o coração humano, órgão que, para eles, era a sede do amor.

Durante a emoção, sucedem alterações na pressão sanguínea e os batimentos do coração são tão característicos e familiares que não admira tenha esse órgão se tornado símbolo das emoções e, acima de tudo, símbolo do amor.

> *Você é o que é o seu coração sentimental: feliz, amoroso, terno, bondoso; ou magoado, ansioso, temeroso, infeliz, tomado de ódio. É isto que significa o vocábulo coração na imagem que o povo lhe atribui.*

Você é o que é o seu coração sentimental: feliz, amoroso, terno, bondoso; ou magoado, ansioso, temeroso, infeliz, tomado de ódio.

É isto que significa o vocábulo coração na imagem que o povo lhe atribui.

Esta é uma interpretação consagrada na filosofia, na teologia, na literatura, no romance, na poesia e no linguajar comum.

Por exemplo:

Meu coração está cheio de amor.

O ódio queimava-lhe o coração.

O casamento é a união de dois corações.

Quando os corações se amam.

A infelicidade invadiu o seu coração.

Coração vagabundo – diz aquela canção.

Dominado pelo coração.

Sonhos do coração.

Coração iluminado.

Corações que se enlaçam.

Deixou-se levar pelo coração.

Há também frases memoráveis, deixadas por pensadores:

"O coração nunca envelhece. Basta um sorriso, um nada, um alvoroço, e tudo nele se ilumina e aquece". (Antônio Feijó).

"O coração é o colibri dourado das veigas puras do jardim do céu". (Castro Alves).

"Sempre, antes que as coisas aconteçam, o coração suspeita. (Francisco de Morais).

"O coração faz o caráter". (Eça de Queiroz).

"Vão os pés lá aonde quer o coração". (Provérbio).

"O coração do homem de luta é como o cardo do deserto, que desafia o sol durante o dia, mas pede o orvalho durante a noite". (Humberto de Campos).

"O coração do homem modela o seu rosto tanto para o bem como para o mal. Um rosto alegre é vestígio de um coração satisfeito". (Bíblia).

"A alegria do coração prolonga a vida". (Bíblia).

Seu coração é tão lindo...
Tão bonito, delicado,
Tão florido, perfumado,
Todo feito de meiguice...
Você tem tanta ternura,
Você tem tanta bondade,
Tem sentimento tão nobre,
Que o mundo seria mais pobre
Se você não existisse". (Lauro Trevisan).

O MUNDO DO CORAÇÃO

Lembro aqui uma frase muito conhecida de Pascal: "O coração tem razões que a própria razão desconhece".

> *Seu coração é um mundo próprio, no qual você vive. Se você faz dele um mundo de amor, ele é o seu paraíso; se faz dele um mar de ódios e ressentimentos, ele é o seu inferno.*

Seu coração é um mundo próprio, no qual você vive. Se você faz dele um mundo de amor, ele é o seu paraíso; se faz dele um mar de ódios e ressentimentos, ele é o seu inferno.

Ele é a sede da sua felicidade ou da sua desgraça.

É a fonte do prazer ou da insatisfação.

Ele é todo amor, ou todo ódio, ou todo solidão.

Você vive no mundo do seu coração.

Pertence a você fazer dele um mundo lindo, iluminado, cálido, abençoado, aconchegante e feliz.

Só leve para dentro desta casa interior a alegria, a luz e o amor.

O AMOR É A ENERGIA DO CORAÇÃO

Diz a lei termodinâmica da natureza que todo calor produz força; ora, amor é calor; logo, produz força.

O amor é a energia do coração.

O amor produz até mesmo energia física.

No conflito entre a força do ódio e a força do amor, esta sempre vence.

Imagine um homem sem amor, solitário, desiludido, frustrado: é um indivíduo envelhecido, decaído, abatido física e mentalmente.

Suponha, agora, que este homem tenha encontrado, por um golpe de sorte, o seu Amor: o corpo se torna ereto, o rosto se ilumina, os cabelos são cuidados, as roupas bem escolhidas, o andar denota juventude. O coração reagiu aos impulsos energéticos do amor e o corpo ganhou nova vitalidade.

O CORAÇÃO FORTALECE O CORAÇÃO

Quero dizer que o coração emocional, tomado de sentimentos amorosos e felizes, fortalece o coração físico. Como este é o órgão vital, indiscutivelmente o amor e a felicidade fortalecem o órgão cardíaco, produzindo mais vitalidade, mais juventude, mais saúde.

Certa vez, estava assistindo à entrevista de um cirurgião cardíaco, na televisão. Lá pelas tantas, disse ele: "Se você não amar o seu coração, ele vai sofrer". É claro que se referia ao órgão do corpo.

O coração feliz irradia as energias vitais da felicidade sobre o coração físico e sobre todo o corpo, fortalecendo o sistema imunológico.

Os pesquisadores do Nacional Cancer Institute, dos EUA, chegaram à conclusão de que as pessoas felizes são setenta vezes menos susceptíveis de contraírem qualquer doença.

Por outro lado, segundo o Dr. Ray H. Rosenman, de San Francisco, Califórnia, EUA, “provavelmente a raiva e a hostilidade são elementos chaves na ocorrência de distúrbios cardíacos”.

Num artigo publicado na revista Saúde, sobre o coração como órgão físico, ao final vinham as recomendações para maneirar o ritmo de vida, evitar palavras mal-educadas na empresa, xingamentos ou gestos ofensivos ao motorista do lado, a raiva contra o cão do vizinho, o excesso de trabalho e preocupações exageradas.

E o artigo concluía assim: “Que tal substituir o nervosismo e a agressividade por um pouco de amor e tolerância? Seu coração vai agradecer”.

Não esqueça que você tem um coração emocional dentro do seu coração físico.

Não esqueça que você tem um coração emocional dentro do seu coração físico. Este depende inteiramente das mensagens que seu coração emocional lhe transmite.

Mensagens de afeto, de amor, de ternura, de carinho, de felicidade, de paz, de bondade, de compaixão, de luz interior, de fé, de alegria, agem de maneira benfazeja sobre o órgão físico, bem como sobre todo o organismo.

SEU CORAÇÃO AGE SOBRE O CORPO

Você viu que o corpo é a maneira pela qual você se mostra aos outros.

Seu corpo é a sua vitrina, pela qual você se expõe ao mundo todo.

Sabe também que o coração emocional, quando iluminado de amor e felicidade, ilumina igualmente o corpo todo. Portanto, o amor e a felicidade fazem a beleza e a saúde do seu corpo.

Com razão escreveu Agnes Sanford: "O amor é uma emoção poderosa, irradiante e vitalizadora, carregada de poder de cura, tanto o que aprende a amar quanto o que é amado". (A Luz Que Cura).

Joseph Murphy escreveu que "a consciência do amor é a força curadora mais poderosa do mundo".

O amor é a grande energia curadora. É a luz que harmoniza o universo do corpo humano.

Dante Alighieri escreveu que o "amor movimenta o sol e todas as estrelas".

Posso acrescentar que o amor aciona o coração e todo o universo do ser humano.

O amor do seu coração faz a beleza do seu corpo.

O amor do seu coração faz a beleza do seu corpo.

Quer sentir-se saudável, bonito, cheio de energia, jovem, atraente, simpático, apreciado? Ame-se e ame. Seja amor.

Muito mais do que os remédios, os comprimidos, as injeções, as plásticas, os regimes - o amor faz a sua beleza irradiante.

Os meios físicos e químicos, que atuarão sobre o corpo para embelezá-lo, debalde cumprirão a sua tarefa se você permanecer num quarto escuro.

Acrescente a luz e o corpo ficará bonito e iluminado.

Um corpo feio, tomado de luz e energia, torna-se obrigatoriamente bonito aos olhos de todos.

Um corpo bonito, iluminado de amor, faz com que a beleza seja vista e apreciada por todos.

AME-SE

O amor é a essência da vida. E o coração é a sede do amor.

Coração e amor são palavras que jamais devem ser separadas.

Jesus ensinou que você deve amar a Deus e ao próximo como a si mesmo. Dessa afirmação do Mestre, fica claro que o ponto de partida é você: assim como você se ama, assim deve amar ao próximo e a Deus.

Pergunto-lhe: pode você amar a Deus e ao próximo sem amar-se a si mesmo? - Impossível.

Você é o princípio e o fim do amor. Não foi outra coisa que disse o Mestre: "Amarás ao próximo como a ti mesmo".

Assim como você se ama – e esta é uma necessidade vital – da mesma maneira deve amar a Deus, que está dentro de você, e ao próximo, que é parte de você.

Amar-se, portanto, é o começo dos começos.

Amar-se significa querer bem a si mesmo; gostar dessa pessoa admirável, que é você.

Amar-se é reconhecer o seu valor, a sua grandeza, a sua dimensão superior, as suas qualidades e o bem que existe em si mesmo.

Amar-se é reconhecer o seu valor, a sua grandeza, a sua dimensão superior, as suas qualidades e o bem que existe em si mesmo. Amar-se é reverenciar esta obra-prima do Criador, que é você.

Amar-se é reverenciar esta obra-prima do Criador, que é você.

Você tem origem no Amor Infinito, mas nasceu do amor humano: é amor infinito e humano. Veio do amor, vive do amor e vai para o Amor.

Amor é a sua substância vital e a razão de ser da sua vida.

O primeiro mandamento, do qual emanam todos os demais, é: *amar-se.*

Catherine Ponder escreveu: "Você não pode amar aos outros, nem irradiar seu amor, a não ser que você ame a si mesmo e sinta o amor dentro de si. O amor começa de dentro, no seu íntimo". (As Leis Dinâmicas da Prosperidade).

Noutra passagem, já escrevia ela: "Pense no amor como sendo uma luz radiante, que abrange, brilha, ilumina e eleva você. Pense no amor como se ele estivesse se impregnando e se introduzindo em todo o seu ser". (Idem).

Amor é estado mental. Como só você tem acesso à sua mente, quero dizer que só você pode iluminar-se de amor, ser feliz e impregnar-se de reino dos céus.

Amor, felicidade e reino dos céus são sinônimos.

- Como poderei amar-me? – poderá perguntar você.

É simples: pense amor. Mentalize amor. Ore amor.

Amar-se é a oração mais perfeita e mais divina.

Amar, em última análise, é querer bem a si mesmo, à humanidade, ao universo e a Deus. É a interação perfeita com tudo do todo.

Será que você pode dizer que ama a Deus se não ama algum animalzinho criado por Deus?

Será que você pode afirmar que se ama a si mesmo, se não ama também o seu rosto? Ou o seu fígado?

Poderá você assegurar que é amor, se odeia algum ser humano?

- Acha que posso amar um bandido? – objetará você.

Você não está amando o bandido, mas a criatura humana, imagem divina, que existe no bandido. Não está amando o bandido e sim o Deus que habita aquele ser.

Também não significa que o bandido não seja punido ou não responda por seus atos. Uma mãe que dá umas chineladas no filhinho, não o faz por ódio e sim por amor.

Longe de você o ódio, porque este é um mal que estressa, deprime e provoca doenças.

Certa vez, assisti a um filme intitulado "Recanto de Paz". O enredo, entre outras coisas, apresentava uma freira que tinha ciúmes, inveja e ódio de outra. Esta era muito amável. Quando aquela freira adoeceu, coube à irmãzinha bondosa cuidar dela e o fez com carinho, com atenção e com amor. Diante dessa atitude, a doente se arrependeu, pediu perdão à companheira e ficou pasma com a rapidez e facilidade com que a irmãzinha a perdoou.

Esta explicou-lhe:

- Quando a gente pensa em todo rancor e angústia que existe no ódio, amar é muito fácil.

Seja sempre amor e será saudável. Além de feliz.

Seja amor – e milhares de rouxinóis cantarão todo dia no seu coração.

Seja amor – e a brisa embalará as flores perfumadas do seu coração.

Seja amor – e o coração será o palácio das mil e uma noites.

Seja amor – e milhares de rouxinóis cantarão todo dia no seu coração.

Seja amor – e você ouvirá a mais excitante sinfonia no coração.

Seja amor – e o sol da vida brilhará para sempre no seu coração.

A HARMONIA DO SEU SER

Uma vez, eu li que a palavra inteligência é escrita pelos chineses através de dois símbolos unidos: a cabeça e o coração. A imagem é exata, porque só a cabeça e o coração, funcionando no mesmo ritmo, em harmonia, podem tornar uma pessoa inteligente e sábia.

O pleno saber traduz-se em pleno viver. E o pleno viver é a plena felicidade.

Sabedoria e felicidade exigem-se.

Mente e coração pulsando no mesmo ritmo, fundidos na mesma unidade – eis aí a perfeição humana.

Busque a harmonia da mente e do coração.

O saber é o outro lado do coração. O sentir é o outro lado do saber.

A elevação de ambos à plenitude faz a suprema felicidade.

O saber é o outro lado do coração. O sentir é o outro lado do saber. A elevação de ambos à plenitude faz a suprema felicidade.

CAPÍTULO 7

Você é comunhão com a humanidade

É impossível você criar um pensamento sequer sem afetar a humanidade.

Lembre que a mente subconsciente contém todo o conhecimento de todos os acontecimentos, de todos os procedimentos, de todos os comportamentos, de todas as pessoas, do presente, do passado e do futuro. A mente subconsciente de cada cidadão está ligada à mente subconsciente de toda humanidade. É por isso que seu pensamento não pode deixar de atingir a humanidade.

Através da mente subconsciente, todos somos um.

> *Através da mente subconsciente, todos somos um.*

Se assim não fosse, como seria possível a telepatia e a transmissão de pensamento? Como poderia sua mentalização ou oração beneficiar alguém se não pudesse ser recebida por essa pessoa?

A sua alegria, por exemplo, não só beneficia você, como também a humanidade.

Imagine um violinista tocando para uma grande assistência. A música tanto afeta o violinista como todo o auditório. É um exemplo, embora precário, do que acontece com seus pensamentos em relação aos demais seres humanos.

FEITOS UNS DOS OUTROS

Você é um ser individual, completo, perfeito, responsável por si e por sua vida, mas, ao mesmo tempo, é uno com toda a humanidade.

Segundo a história da bíblia, Deus criou Adão, colocou-o num paraíso, onde vivia em interação com todos os seres. Depois, ponderou Deus que não era bom que o homem estivesse só e, da costela do primeiro homem, fez a mulher. Adão a recebeu, exclamando:

"Eis o osso dos meus ossos e a carne da minha carne!"

Assim, conforme a Gênesis, teria começado a humanidade.

Vale o significado profundo de que, já que todos somos feitos uns dos outros, todos somos um.

Você é você e mais a humanidade da qual procede, com a qual compartilha e pela qual continua a vida.

Você é você e mais a humanidade da qual procede, com a qual compartilha e pela qual continua a vida.

O mundo em que vive, o progresso do qual se serve, a cultura e os conhecimentos que existem na sua mente – são legados da humanidade, para você. A roupa que você usa, um dia foi inventada por alguém e hoje é fabricada por alguém. O mesmo acontece com os sapatos, os óculos, a geladeira, os talheres, os pratos, os copos, os fogões, as panelas, os tijolos, as telhas, as aberturas, os azulejos e tudo o mais.

Você, por sua vez, está transferindo para a humanidade tudo o que é e faz.

Se a humanidade não existisse, você não existiria; se você não existisse, a humanidade seria menos do que é.

O seu negativismo torna negativa uma parte da humanidade.

O seu positivismo faz a humanidade mais positiva.

Tudo o que você é e faz repercute na humanidade.

TODOS SOMOS UM

Volto a repetir que todos os seres humanos são uma unidade. Esta universalidade se faz na mente subconsciente.

Se todos somos um na mente subconsciente, é lógico que o conteúdo do subconsciente de todos os indivíduos do planeta é também conteúdo da sua mente subconsciente. Conclusão: você sabe tudo o que todos sabem e não pode deixar de saber. Sua evolução mental contribui para a evolução mental da humanidade, assim como a evolução da humanidade contribui para a sua evolução pessoal.

A sua depressão, por exemplo, está estimulando a depressão da humanidade.

A sua felicidade está sendo um apelo para a felicidade de todo o gênero humano.

No dia em que cinquenta por cento mais um da humanidade forem positivos, o inconsciente coletivo será positivo. Esta é a mentalidade a ser perseguida decididamente, pois, quando o inconsciente coletivo for positivo, exercerá benéfica força e pressão sobre cada indivíduo.

O que você pensa, fala, deseja, imagina, idealiza e faz, é força muito poderosa e preciosa sobre cada indivíduo da terra.

Bem-aventurado é você que cultiva a mente alegre, confiante e cheia de ideais grandiosos, porque está ajudando a construir uma humanidade alegre, confiante e realizadora.

O que você pensa, fala, deseja, imagina, idealiza e faz, é força muito poderosa e preciosa sobre cada indivíduo da terra.

O progresso de um país acontece quando o inconsciente coletivo puxar nessa direção.

O INCONSCIENTE COLETIVO

A expressão "inconsciente coletivo" é consagrada pela ciência.

O que significa inconsciente coletivo?

Da maneira como o entendo, é a soma de todos os pensamentos, sentimentos, desejos, crenças, hábitos e ideais dos indivíduos que habitam determinado espaço geográfico.

O inconsciente coletivo reduzido à sua unidade mínima é a mente subconsciente de uma pessoa. Cada ser humano é o resultado da sua mente. Já a soma das mentes das pessoas que formam uma família, acaba criando o inconsciente coletivo desse grupo. Assim acontece com um país. Quando cinquenta por cento mais um dos brasileiros, por exemplo, acreditarem no progresso do país e agirem nesta direção, com certeza teremos uma nova realidade. Quando cinquenta e um por cento dos habitantes de Portugal sintonizarem a mesma mensagem positiva, todos os habitantes receberão essa energia benéfica.

Num país em que governo, cidadãos e imprensa passam a maior parte do tempo falando em crise, não só produzirão esta situação como continuarão realimentando a mesma.

É fundamental que se crie um inconsciente coletivo benfazejo, formado por pensamentos, crenças, sentimentos e ideais de progresso, de evolução, de modernidade. Quando isto acontece na mente de pelo menos metade da população, toda a nação se beneficiará.

Uma guerra explode quando o inconsciente coletivo a está acendendo. Bastará, então, um hitler qualquer jogar a faísca e a conflagração estourará.

Por certo, há muito tempo se pensava na unificação europeia; no entanto, somente tornou-se realidade no momento em que a maioria das populações dos países interessados sintonizou este anseio.

A sabedoria da bíblia, na palavra do profeta David, já dizia: "Abyssus abyssum ínvocat". O abismo atrai o abismo. A crença generalizada de que estamos mergulhando o país num abismo, atrairá o abismo. Por outro lado, a mentalidade comum – e não apenas forjada por poucas cabeças – de que se está levando o país à modernidade, fará com que isto suceda.

A FORÇA NÃO CRIA O INCONSCIENTE COLETIVO

Todas as mudanças no inconsciente coletivo são evolutivas e não revolucionárias. As mudanças revolucionárias são impostas à força, por uma minoria. E subsistem enquanto houver supressão da liberdade, prisão dos inconformados, chacina da oposição e silenciamento dos Meios de Comunicação. Como não cria inconsciente coletivo, só perdurará enquanto a repressão mantiver a situação. Veja o que aconteceu na União Soviética: o comunismo foi imposto violentamente através de uma minoria, que continuou sendo minoria durante setenta anos: o Partido Comunista. Não só não deu certo, como a vida deteriorou-se a ponto de o regime cair por si mesmo.

As mudanças evolutivas – que vão se expandindo de pessoa para pessoa até formar a maioria – tendem a concretizar-se, porque são alimentadas e realimentadas pelo inconsciente coletivo.

Hoje, por exemplo, não existe um país no mundo em vias de adotar o comunismo, porque não há inconsciente coletivo para tal. A tendência é para a liberdade individual, respeitando-se o ser humano nos seus projetos, no seu ser e no seu fazer-se.

O inconsciente coletivo dos povos caminha, nesta época, para um sistema que respeita a auto-realização individual, ao contrário da mentalidade dos governos que pretendem ser o centro das atividades humanas.

O inconsciente coletivo dos povos caminha, nesta época, para um sistema que respeita a autorrealização individual, ao contrário da mentalidade dos governos que pretendem ser o centro das atividades humanas.

Qualquer país é viável, por pior que seja a sua situação. Basta que se crie uma mentalidade correta, sadia, estimulante, justa e progressista, valorizando-se, acima de tudo, o esforço individual.

O mundo caminha para o seu melhor estágio.

Fala-se muito hoje em dia nas excelentes perspectivas do terceiro milênio, que surge aos nossos olhos não apenas como um marco no calendário mas, principalmente, como prenúncio de um novo mundo, mais elevado, mais humano, mais fraternal e feliz.

Dizem os estudiosos e os sinais dos tempos que este é o milênio do espírito, ou seja, estamos alcançando o segundo e terceiro estágios da evolução: a evolução mental e espiritual. Esta evolução acontecerá a partir da conquista das dimensões interiores do ser humano. Então alcançaremos a plenitude dos tempos, de que falava Jesus.

Não se trata de utopia.

A exploração do microcosmo, do universo humano, levará a descobertas fantásticas, como a existência de Poder e Sabedoria inesgotáveis na criatura humana, através dos quais, cada indivíduo conseguirá realizar-se plenamente. Quando cada unidade do todo estiver em altíssimo grau de elevação e progresso, o inconsciente coletivo responderá da mesma maneira e, num grandioso biofeedback, reestimulará o avanço nesta ascensão.

Exemplo: uma pequena faísca, somada a outras pequenas faíscas, jogadas sobre terreno propício, iniciarão um grande incêndio, que não só se realimentará como seguirá em frente, transformando em incêndio todos os ambientes em condições de queimar. O fogo realimentará o fogo e criará mais fogo, porque atingirá os lugares propícios para a queima.

Pessoas de compreensão elevada farão do amor um estado de ser. Este estado de ser se irradiará para outras pessoas, assim como se irradia o calor do sol. Este grupo iluminará outros grupos a tal ponto que um dia – espera-se que seja em breve – toda a humanidade vibre na mesma energia de amor.

UM PASSO À FRENTE

Se você quer acrescentar algo de bom à humanidade, não fique sentado. Os que sentaram na vida, estão acomodados com a estrutura vigente.

Jamais se faz algo de novo sem dar um passo à frente.

Se você acredita que pode melhorar o mundo, proclame-o.

Por ser algo novo e diferente o que você está anunciando, é provável que sofrerá resistências e incompreensões. Este é o preço dos que se dispõem a melhorar o mundo. Se a sua proposta não alerta as pessoas, provavelmente nada estará acrescentando de novo.

Jamais se faz algo de novo sem dar um passo à frente.

Harold Sherman conta que, certa vez, Albert Einstein mostrou-lhe seus arquivos cheios de cartas, jornais, revistas, publicações científicas e relatórios, atacando-o, ridicularizando-o e menosprezando-o acerbamente. No entanto, hoje suas teorias são aceitas.

Louis Pasteur sofreu pesados maus-tratos quando defendia suas teses sobre bacteriologia.

Não conheço nenhum fundador de Ordem ou Congregação religiosa que, no início, não tenha sido duramente penalizado pela Igreja.

Profeta é aquele que pensa na frente. Exatamente por isso mesmo, suas ideias e projetos não coincidem com o sistema estabelecido. Inevitavelmente, aqueles que se sentem desestabilizados, na falta de maior compreensão, reagirão contra. Isto é natural. Só não haverá rechaços se nada de novo acontecer debaixo do sol.

A verdade, no entanto, liberta a pessoa. A sua certeza de estar no domínio da sua verdade, lhe dará paz de espírito e tolerância, por isso não sairá por aí dando tiros na lua. Não adianta querer apressar o rio. Faça a sua parte e um dia a humanidade agradecerá penhoradamente. Tomara que seja ainda em sua vida.

Galileu Galilei, estudando as teorias de Copérnico e fazendo as próprias pesquisas, chegou à conclusão de que é a terra que se move ao redor do sol e não o contrário. Esta teoria afrontava o pensar da época, em que se dizia que o sol girava ao redor da terra. A crença vinha da bíblia, que relata que Josué fez parar o sol até conquistar a cidade de Jericó.

Galileu nasceu em Pisa, Itália, em 1564 e morreu perto de Florença, em 1642. Inventou a balança hidrostática, estabeleceu a mecânica como ciência e criou a ideia moderna da experiência científica. Dedicou-se ao estudo dos movimentos dos corpos e conseguiu importantes descobertas astronômicas através da observação direta dos astros. O Santo Ofício caiu sobre ele exigindo que retratasse a tese de que a terra gira ao redor do sol, porque contrariava a bíblia.

Galileu respondeu que a verdade é filha do tempo e não da autoridade.

O tempo é sempre o melhor aliado da verdade.

Se você é contestado, mantenha a calma. Estude os argumentos dos críticos e confronte com a sua verdade.

Lembre-se que o preço dos que vão na frente é serem bom alvo para os que ficam atrás. Imagine o que teria acontecido se todos os cientistas e inventores tivessem renunciado às suas teses e invenções por causa dos contestadores.

William Thompson, Presidente da Sociedade Real para a Ciência, da Inglaterra, de 1890 a 1895, afirmou que máquinas voadoras mais pesadas que o ar são uma impossibilidade. No entanto, aí estão os aviões e helicópteros.

Uma edição antiga da Enciclopédia Tesouro da Juventude provou que era impossível o homem pisar na lua, por uma série de argumentos baseados em conhecimentos e estudos da época. O homem, porém, contrariou os cientistas daquele tempo e pousou na lua.

Mansour Chalita, no seu livro "2.000 Citações, Anedotas e Parábolas Inesquecíveis", conta que "em 1872, George Westinghouse inventou o freio a ar, que era mais rápido e seguro que o freio então usado. Escreveu a Cornelius Vanderbilt, presidente das Estradas de Ferro de Nova Iorque, propondo a aplicação da sua invenção. Vanderbilt devolveu-lhe a carta com a anotação: "Não tenho tempo para loucos". A Companhia rival, a Pensylvania Railroad, acolheu o inventor, incentivou-o e fez testes – que deram certo. A notícia chegou a Vanderbilt, o qual escreveu a Westinghouse convidando-o a visitá-lo. Westinghouse devolveu-lhe suas próprias palavras endossadas".

O homem que quiser mover o mundo, deve mover-se primeiro.
Sócrates

Você, pois, está sempre convidado a contribuir para a evolução da humanidade. Isto lhe dará imensa satisfação, porque, assim, estará melhorando a você mesmo, já que todos somos um.

O PONTO DE PARTIDA

Ninguém conseguirá amar o próximo sem primeiro amar-se a si mesmo.

O filósofo grego Sócrates disse, certa vez: "O homem que quiser mover o mundo, deve mover-se primeiro".

Ao mover-se, já estará movendo a humanidade, porque você é parte da humanidade.

Eleva-te e elevarás o mundo – diz um axioma.

Ninguém conseguirá amar o próximo sem primeiro amar-se a si mesmo.

Foi o que lembrou Jesus quando ensinou que você deve amar o próximo como a si mesmo.

Disse ainda o Mestre: "Não faças aos outros o que não queres que os outros façam a ti".

Tudo o que você faz a si mesmo, estará fazendo à humanidade, mesmo que esta verdade não seja do seu conhecimento.

Acredite que a humanidade é você: se você se ama, estará amando a humanidade e esta estará amando você.

Porque todos somos um.

Um grito de ódio é um terremoto sobre a humanidade.

Um gesto de amor é luz abençoada sobre a humanidade.

Discursos impávidos e grandiloquentes sobre os males que afligem o mundo serão estéreis se o indivíduo não começar a praticar o bem.

Acredite que a humanidade é você: se você se ama, estará amando a humanidade e esta estará amando você. Porque todos somos um. Um grito de ódio é um terremoto sobre a humanidade. Um gesto de amor é luz abençoada sobre a humanidade.

Quanta gente sobe em palanques e arrebata microfones para vituperar sobre os problemas sociais, a fome do mundo, os menores abandonados, a velhice desassistida, a miséria dos barracos, mas eles mesmos nada fazem. Nem sequer mexem uma palha. A esses a humanidade os rejeita, porque não há sintonia entre o dizer e o fazer.

Veja-se como ponto de partida para a melhoria do mundo.

Essa história de dizer "Façam o que eu digo e não o que eu faço", não está com nada.

A dicotomia entre o discurso e a vida é fruto da ignorância. Porque tudo o que é ruim para você é ruim para a humanidade e o que é bom para você é bom para a humanidade. A compreensão desta verdade fará com que seu discurso se identifique com o seu modo de ser e agir.

Seja feliz e estará levando felicidade ao mundo.

Sorria e o mundo sorrirá com você.

MAS VOCÊ É VOCÊ

Você é parte da humanidade e, pela mente subconsciente, está em interação com ela. Quem, no entanto, comanda a sua vida é a mente consciente e não a mente subconsciente.

O papel da mente subconsciente é cumprir as ordens emanadas da mente consciente.

A mente consciente é a parte da mente que pensa, analisa, raciocina, decide, deduz, induz, cria, imagina, opta, aceita, rejeita.

A mente consciente é a mente criadora. Cria a sua vida.

A mente subconsciente é a mente executiva. Executa a sua vida.

Em vista disso, saiba que apenas você atua sobre si mesmo, através dos seus pensamentos, expressados por ideias, palavras, crenças, sentimentos, medos, emoções, desejos, hábitos.

Ninguém pode baixar sua autoestima sem o seu consentimento.

A mente dos outros está emitindo continuamente pensamentos para a sua mente consciente ou subconsciente, mas só acontece o que você aceita, deseja ou acredita. Em verdade, só você tem poder sobre si mesmo.

Se o inconsciente coletivo for benéfico, deixe-se impregnar. Se for maléfico, proteja-se, fazendo valer o seu poder absoluto sobre si mesmo.

A ação das mentes humanas busca interferir na sua vida, mas permanece sujeita à sua vontade consciente. Isto significa que ninguém tem poder sobre ninguém. É possível sugerir, tentar sugestionar e influenciar, mas a mente consciente sempre tem a palavra decisiva e autorresponsável.

O inconsciente coletivo não é força dominadora, mas é como uma garoa que molha os que se deixam molhar. Por existir a garoa, fica mais fácil molhar e molhar-se.

Se o inconsciente coletivo for benéfico, deixe-se impregnar. Se for maléfico, proteja-se, fazendo valer o seu poder absoluto sobre si mesmo.

Você é o único ser pensante do seu universo pessoal.

Toda a água do oceano não pode afundar um navio, a não ser que entre dentro dele.

Todos os pensamentos negativos, macumbas, feitiços, pragas, não têm poder sobre você, como a água do oceano não tem poder de afundar o seu navio. Só terão poder sobre você se os aceitar espontaneamente.

A HUMANIDADE É O SEU ORGANISMO

Diante da verdade de que você é parte integrante do organismo da humanidade, fica claro que nacionalismos e fronteiras não têm razão de ser. Existem por causa da ignorância da humanidade. Acontecem por causa do baixo nível evolutivo do mundo. Persistirão enquanto persistir a necessidade.

Já que todos somos um no planeta, estabelecer fronteiras é o mesmo que separar a cabeça do resto do corpo ou fazer um muro divisório nos quadris, isolando a parte de cima da parte de baixo.

O que aconteceria se as pernas resolvessem proclamar independência do resto do corpo e se afastassem?

A unificação do mundo é a meta ideal da humanidade.

Tanto é seu irmão planetário o último vivente do polo norte quanto o seu vizinho aí do lado.

Esta verdade mudará as relações entre os homens.

Um dia, ninguém mais pensará que não tem a ver com o habitante de outro país.

As relações políticas, econômicas, sociais, religiosas, militares e culturais serão feitas assim como você se relaciona com o povo da sua comunidade.

Prejudicar pessoas de outro país, em qualquer situação, é e será o mesmo que enganar o pai, a mãe, os filhos. Porque todos somos um.

Você é a humanidade e a humanidade é você.

A sabedoria está em harmonizar-se consigo mesmo e com o todo.

Países, estados, municípios, existirão por razões práticas, mas haverá a compreensão de que todos somos uma família e este planeta é nossa casa comum.

Países, estados, municípios, existirão por razões práticas, mas haverá a compreensão de que todos somos uma família e este planeta é nossa casa comum.

Não haverá mais espaço para monopólios,

oligopólios, nacionalismos, prepotências políticas e econômicas, guerras, violências, injustiças, explorações, extorsões, corrupções.

"Não faça ao outro o que não quer que o outro faça a você" - será praticado normalmente, porque somos um e o que alguém fizer ao outro, estará fazendo a si mesmo.

O evangelista Mateus documentou esta afirmação de Jesus:"Tudo o que quereis que os homens vos façam, fazei-o também a eles; pois é nisto que consistem a lei e os profetas".(Mt7,7-12).

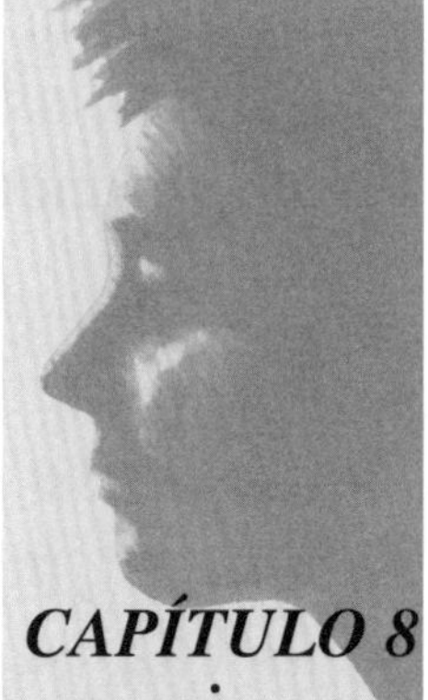

CAPÍTULO 8

Você é comunhão com o universo

Todo o cosmo e todo os seres do cosmo são uma unidade.

Você é o microcosmo no macrocosmo. Proporcionalmente, a dimensão do microcosmo é tão imensa quanto a do macrocosmo.

A harmonia do universo e a evolução sábia da humanidade dependem desta comunhão de amor.

A compreensão de que somos um no mundo coloca o ser humano em interação de amor e respeito com o mundo.

Sócrates, o filósofo grego que nasceu em Atenas no ano de 469 e morreu na mesma cidade no ano de 399 antes de Cristo, afirmou que, ao levantar o dedo, a gente está afetando a estrela mais distante.

Na imensidão do universo brilha um pequeno planeta, que é a nossa casa. Se você destruir a casa onde vive, estará destruindo-se a si mesmo.

Todos os que depredam a natureza, estão se autodepredando. São suicidas.

O universo foi criado dentro do mais sábio e perfeito padrão de harmonia interna e externa. Tudo o que contraria esta ordem estará provocando, a longo prazo, a desagregação total.

> *Na imensidão do universo brilha um pequeno planeta, que é a nossa casa. Se você destruir a casa onde vive, estará destruindo-se a si mesmo.*

Nada do que se faz, deixa de repercutir no todo.

Derrube, por exemplo, uma árvore e você estará desajustando o solo, desestruturando a vida das plantas e ervas que com ela convivem, expulsando os insetos e animais que dela dependem e que ela necessitaria para completar o ciclo biológico, esvaziando um espaço habitado do planeta e, assim, contribuindo para perturbações climáticas.

Toda a ação do homem no planeta e no universo seja feita com amor e com sabedoria, respeitando sempre a ordem natural do todo.

Não faz muito, estive visitando a Isla Vitória, no lago Nahuel Huapi, em Bariloche, ao pé dos Andes argentinos, e saímos a receber preleções sobre a flora existente. O guia informava que, onde há flora nativa, sempre existe interação total e vê-se um grande número de arbustos e plantinhas se desenvolvendo em torno das árvores maiores, vivificando-se mutuamente e, junto delas, em interação, insetos, animais e aves, a alimentar-se das plantas e a disseminar as sementes que produzirão novas plantas, ao mesmo tempo que o apodrecimento e a dissolução do material orgânico das mesmas criam condições para o nascimento, desenvolvimento e amadurecimento de novas sementes. É a vida gerando a vida em ciclo harmonioso e sábio.

O guia nos levou a uma plantação de árvores cuja semente fora trazida da Europa. Era uma espécie de pínus, plantado para a produção de madeira. Como esta espécie fora importada para aquela região, o solo não era propício para o seu desenvolvimento. Mas a planta fez pela vida, lançando ao solo os fiapos de suas folhas, os quais, criariam as condições ácidas necessárias para a melhor evolução da árvore. E os pínus cresceram em ambiente que não era deles. Não surgiram plantas ao seu derredor, porque os pínus eram estranhos ao lugar e não davam condições de vida às plantas nativas. As aves não aproveitavam nada da árvore e por isso não a habitavam, já que aves de convivência com os pínus não vieram da Europa com eles. Os galhos, folhas, troncos, que caíam, não apodreciam porque não havia insetos e vermes próprios para cumprirem este ciclo. Também animais não viviam dessa árvore porque não foram trazidos com ela.

Tudo parecia tão simples: plantar e aproveitar a madeira. Mas, com isso, gerou-se uma anomalia na ordem natural da flora e do solo da ilha.

Aquela região produz um pínus natural chamado coihue que, embora leve cerca de vinte e oito anos para a madeira ser aproveitada, vive em perfeita interação com o solo, a flora, a fauna e o clima.

Infestações de insetos, de animais, de plantas, que viram pragas, ocorrem pela intervenção nefasta do homem na ordem natural do ambiente.

A sorte do mundo está em suas mãos.

A poluição das águas gera toda uma desordem no ambiente. Afeta inclusive a atmosfera e as camadas superiores que circundam e protegem devidamente a terra.

Deus, segundo a bíblia, criou tudo na mais perfeita harmonia.

Diz o livro do profeta Isaías: "O lobo e o cordeiro habitarão juntos e o leopardo deitar-se-á ao lado do cabrito; o bezerro e o leãozinho pastarão juntos e um menino os poderá tanger; a vaca e o urso comerão a mesma pastagem e juntos repousarão os seus filhotes; o leão comerá palha com o boi. A criancinha de peito brincará na cova da serpente e no covil das víboras a criança porá a mão. Não causarão mal e nem dano algum em todo o seu santo monte, porque o conhecimento do Senhor encherá toda a terra, como as águas enchem o mar".

VOCÊ É PARTE DO UNIVERSO

Na ordem da criação do mundo, você é parte do universo. Aqui, você está em casa, vivendo num mundo que lhe é fraternal e amoroso.

Há, porém, um pormenor importante: embora seja uno com o universo, você é o único ser capaz de modificar a ordem natural para melhor e para pior. Porque você é dotado de inteligência reflexiva: sabe que sabe e sabe da sua própria sabedoria.

O universo segue o seu destino, mas você tem o poder de modificar o seu destino e o destino do universo.

Você pode ser o indivíduo mais benfazejo na face da terra, como pode ser a pessoa mais perigosa para o planeta.

A sorte do mundo está em suas mãos.

Diz a bíblia que você é o rei da criação, o dono do mundo.

O Gênesis assim se expressa: "E disse também Deus: Façamos o homem à nossa imagem e semelhança, o qual presida aos peixes do mar, às aves do céu, aos animais e a todos os répteis que se movem sobre a terra, e domine em toda a terra".

Eis aí a tremenda responsabilidade do homem: presidir a obra da criação e dominar em toda terra. É necessário que presida e domine com sabedoria, com amor e sentindo-se uno com o universo. Para isso, Deus lhe deu inteligência, através da qual pode entrar em contato com a Sabedoria divina e com o Poder criador divino, imanentes em você.

Se o homem não agir sábia e amorosamente na terra, estará ela fadada à destruição, por ignorância ou por ódio.

Felizmente, a desagregação até aqui ocorrida não é catastrófica e muito menos irreversível.

Neste momento, sobram duas direções possíveis: o homem destruir o seu planeta num gesto de loucura ou suicídio coletivo; ou reconhecer o seu papel no universo e contribuir decisivamente para tornar o mundo cada vez melhor e melhor.

O novo mundo, que está nascendo, levantará o homem à sua mais alta e grandiosa dimensão superior. Esta evolução mental e espiritual alcançará o todo do universo e de Deus. Da compreensão nascerá a interação e, da interação, acontecerá a comunhão amorosa.

O UNIVERSO ESTÁ SALVO

Graças a Deus, este limiar do terceiro milênio abre a mais auspiciosa perspectiva para a humanidade.

O novo mundo, que está nascendo, levantará o homem à sua mais alta e grandiosa dimensão superior. Esta evolução mental e espiritual alcançará o todo do universo e de Deus. Da compreensão nascerá a interação e, da interação, acontecerá a comunhão amorosa.

O mundo, portanto, está salvo.

Os movimentos ecológicos e os congressos e estudos ambientais, com as profundas pesquisas sobre o ecossistema, são indícios claros do surgimento de uma nova humanidade mais responsável, mais cuidadosa, mais evoluída e mais solidária.

Já se sabe que ninguém está só no universo e que a vida do todo depende de cada um.

Hoje, o indivíduo está disposto a compreender que o cano de descarga do seu carro, somado ao cano de descarga dos outros carros, está afetando a camada de ozônio da atmosfera.

Não é apenas uma bomba atômica que pode destruir o planeta, mas também o seu fósforo incendiando as matas, os detritos da sua casa jogados em qualquer parte, os químicos que se evolam dos seus produtos, bem como o material não biodegradável que você usa.

> *Continuo cada vez mais com a firme convicção de que o terceiro milênio será a plenitude da humanidade.*

Este entendimento revela o estágio maravilhoso da evolução humana.

É o mais forte e bonito sinal de novos tempos.

Continuo cada vez mais com a firme convicção de

que o terceiro milênio será a plenitude da humanidade.

O AMOR UNIVERSAL

Agora há condições para se dar o significado mais abrangente do maior mandato de Jesus: "Amarás o Senhor teu Deus de todo o coração, de toda tua alma, de toda tua mente e com todas tuas forças. E amarás o teu próximo como a ti mesmo".

Tudo, portanto, é seu próximo. Até mesmo aquela singela plantinha; aquele peixinho saltitante; as águas do riacho; as andorinhas voando no céu; o minúsculo grão de areia; a gotinha da chuva; a última estrela da galáxia mais distante.

Até aqui, quem sabe, entendia-se que amar a Deus e ao próximo devia ser cumprido como uma ordem divina, como imposição do Alto.

Neste momento, porém, compreendemos que todos os seres do universo são parte de cada um de nós, portanto o amor universal é a verdadeira realidade, o resto é desintegração.

Se o seu ódio, por exemplo, resolver destruir todas as plantações, com isso também estará destruindo a você mesmo.

Se o seu espírito desagregador resolver contaminar as águas do planeta, como poderá haver vida? Nem você subsistirá!

Tudo, portanto, é seu próximo. Até mesmo aquela singela plantinha; aquele peixinho saltitante; as águas do riacho; as andorinhas voando no céu; o minúsculo grão de areia; a gotinha da chuva; a última estrela da galáxia mais distante.

Se você não sentir amor por todos os seres do universo, não estará amando seu próximo e muito menos o Deus que os criou.

Tudo o que você vai fazer, faça-o pensando na organização e nos ciclos da vida. Na ordem universal. Então, você terá tudo de que necessita para uma vida abundante e próspera, mantendo-se na mais perfeita solidariedade de amor com todos os seres.

O amor é a lei da ecologia.
Você não conseguirá tornar-se uma pessoa plenamente feliz e saudável se dentro do seu coração não estiver todo o universo, desde o mais ínfimo átomo até a estrela mais afastada da última galáxia.

Este não é um mundo utópico.

É o mundo de amor, de paz, de alegria, de felicidade, de reino dos céus, de abundância, de saúde, de fraternidade, de solidariedade e de comunhão universal, que foi anunciado por Jesus, há dois mil anos.

A evolução da humanidade permite esta fé na nova

ordem mundial.

O amor é a lei da ecologia.

Você não conseguirá tornar-se uma pessoa plenamente feliz e saudável se dentro do seu coração não estiver todo o universo, desde o mais ínfimo átomo até a estrela mais afastada da última galáxia.

O amor não admite rupturas.

Amar é acariciar o todo no coração.

O romancista russo Fedor Dostoievski nasceu em Moscou em 1821 e morreu em São Petersburgo em 1881. Escreveu os romances "Crime e Castigo", "O idiota", e o mais famoso: "Os irmãos Karamazov".

Certa vez, escreveu ele: "Eu vi a verdade. Não é como se eu a tivesse inventado com minha mente. Eu vi a verdade, eu a vi, e sua imagem viva penetrou em meu espírito para sempre... Em um dia, em uma hora, tudo pode ser arranjado de uma só vez! Amar é a principal coisa".

"Amar é a principal coisa".

Amar, de fato, é a verdade que tomará conta deste novo mundo que surge esplendoroso e promissor nos horizontes do século vinte e um.

Não há em você a plenitude do amor e nem o estado de felicidade, se o seu coração dividir os seres do universo em bonitos e feios, atraentes e repelentes, limpos e sujos. Todo o universo é criação divina, obra do Amor Infinito e tudo o que Deus fez é bom, como diz a bíblia. Exercite-se a amar tanto o rouxinol quanto o rato:

ambos são lindos, idealizações maravilhosas da Mente divina.

É evidente que o lugar de um rato não é o roupeiro, mas nem por isso é justo dizer que todo rato é aberração divina, aborto da Inteligência Superior, ser indesejável, digno de ódio e nojo. É, na verdade, criatura idealizada com amor pela Mente Infinita, para uma finalidade condizente.

> *Todos os seres, cada um a seu modo, exercem função necessária no todo da criação.*

Por sinal, o rato Mickey é um dos bichinhos mais carinhosos da criançada.

Sabe você como começou a história do Mickey? Certa vez, Walt Disney regressava com sua esposa de uma viagem a Nova Yorque onde fora tentar receber pagamento mais alto sobre a produção de quadrinhos animados de historinhas sobre o coelho Rabitt, que seus estúdios haviam criado. Voltou de mãos abanando e sem os direitos autorais sobre o coelhinho, devido ter assinado contrato, sem lê-lo, com a cedência dos direitos autorais. Na viagem de regresso aos seus estúdios, Walt estava muito triste e passou a relembrar sua vida, o tempo em que, em Kansas City, tinha seu pequeno escritório. Recordou aquele ratinho, que o visitava, do qual se tornara amigo, inclusive dando-lhe comida. Lembrou o dia em que foi soltar o ratinho na floresta, porque estava se transferindo para Los Angeles. Nesse instante, veio-lhe a ideia genial de criar o ratinho Mickey. Ainda na viagem de trem, começou a rabiscar o perfil do Mickey e algumas ideias de quadrinhos animados com este novo personagem. A amizade com o ratinho que o visitava no velho escritório deu-lhe fortunas.

Todos os seres, cada um a seu modo, exercem função necessária no todo da criação.

Tem aquela lenda do monge e do escorpião, que recebi via internet: "Certo monge e seus discípulos iam pela estrada afora, quando passaram por uma ponte. Viram um escorpião ser arrastado pela águas. O monge correu pela margem do rio, meteu-se na água e tomou o bichinho na mão. Quando o trazia para fora, o escorpião picou-o e, tomado de dor, o monge deixou-o cair na água. Correu, então até a margem, pegou um galho, entrou no rio e colheu novamente o bichinho, salvando-o do afogamento.

Aqui a lenda do monge e do escorpião.

Os discípulos assistiram perplexos à cena e indagaram ao monge:

- Mestre, sua mão deve estar doendo muito. Por que voltou a salvar esse bichinho tão mau e tão venenoso? Veja aí na mão como ele respondeu ao seu gesto de solidariedade! Não merecia compaixão!

O monge ouviu as ponderações dos discípulos e respondeu:

-Ele agiu conforme sua natureza e eu de acordo com a minha".

Pode ser que você tenha ódio de algum bicho porque ele age de forma violenta. Não se trata de maldade. Cada ser procura compor-se na natureza de acordo com sua espécie e segundo suas necessidades.

Todos os seres têm seu lugar no concerto universal.

Se os humanos só gostassem da nota dó, não existiria a sinfonia. Até certos momentos de desarmonia, quando se entrelaçam tons e meios tons musicais, contribuem para a beleza do concerto.

Quando algum bichinho da natureza lhe causa nojo e horror, saiba que o animalzinho não é horroroso ou nojento, mas apenas a sua ideia a respeito daquela criatura.

> *Quando algum bichinho da natureza lhe causa nojo e horror, saiba que o animalzinho não é horroroso ou nojento, mas apenas a sua idéia a respeito daquela criatura.*

Veja em cada ser do universo uma parte do todo no qual você está inserido.

Como escreveu Leon Tolstoi: "A vida é Deus e amar a vida é amar a Deus".

A dificuldade de amar pode estar no fato de ser criada distância entre você e o universo.

Muitos veem assim: "Ele lá, eu aqui. Eu sou eu; ele é ele; entre nós, o abismo".

Na verdade, somos comunhão universal. Você é o universo e o universo é você.

François Fénelon, que viveu de 1651 a 1715, escreveu: "Quando você chegar a ser sensivelmente tocado, a venda cairá dos seus olhos; e, com os olhos penetrantes do amor, você discernirá o que os seus outros olhos jamais viram".

O planeta é nossa casa e nós somos uma família.

Seus "olhos do amor" farão você tentar salvar o cascudo que caiu dentro da poça de água e libertar a borboleta presa no seu quarto.

Olhos de amor são os olhos iluminados pelo reino dos céus interior.

Razão tinha o ecológico São Francisco de Assis, quando, sentindo-se em comunhão com o universo, exclamava: "Meu irmão sol, minha irmã lua, meu irmão boi, meu irmão lobo..."

Politicamente, o universo é a nossa pátria comum.

Embora o mundo ainda não esteja vivendo razoavelmente esta confraternização universal – basta lembrar as multidões que morrem de fome – já é sentimento comum a todos acabar com essa e com tantas outras desgraças que abalam a humanidade. Da comunhão de sentimentos e desejos, nascerá a realização.

Não se deve analisar o mundo pelas discrepâncias, vendo inimigos em todos os que não estão do nosso lado, mas sim pelos pensamentos e sentimentos positivos, benfazejos e comuns.

O planeta é nossa casa e nós somos uma família.

Esta verdade acabará com as fronteiras.

Politicamente, o universo é a nossa pátria comum.

Imagine você o que aconteceria se, de repente, a mão resolvesse abandonar o corpo, o coração fizesse greve, os olhos se fechassem para sempre, irritados com a luz, e a perna esquerda estivesse brigada com a perna direita? Era o caos para o corpo.

E não é isso que, por ignorância da humanidade, está acontecendo nas nossas relações com o universo, que é o nosso corpo integral?

Amar é o nosso destino.

Um grande amor universal.

Esta é a nossa realidade e felicidade.

E a nossa felicidade faz a felicidade da humanidade.

E a felicidade da humanidade é a felicidade do planeta.

E a felicidade do planeta é a harmonia do universo.

Assim, podemos concluir com Leon Tolstoi: "A vida é Deus e amar a vida é amar a Deus".

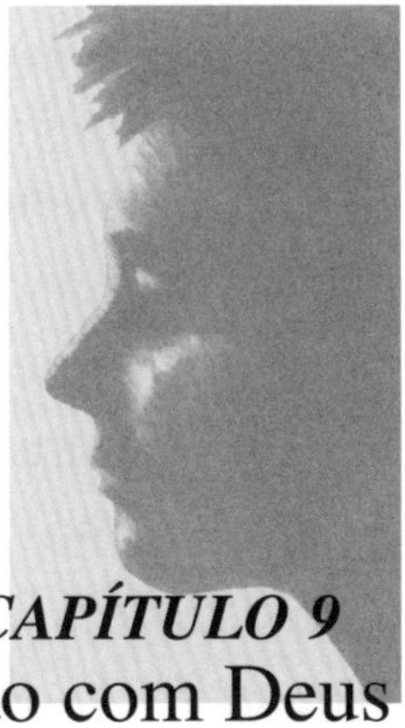

CAPÍTULO 9

Você é comunhão com Deus

Você não é apenas você. Você é você e o Deus que habita o seu ser.

Seu ser é compartilhado com Deus.

Ao meditar nesta transcendental verdade, é bom deixar de lado, pelo menos por ora, os tradicionais livros de religião que incutem a crença de um Deus castigador, que mete medo, que brande os braços irritados, que ameaça severamente. Se assim fosse, Deus estaria castigando a si mesmo, ameaçando a uma dimensão de si mesmo, irritando-se contra si mesmo, amedrontando-se a si mesmo. Isso não tem sentido. Até porque é lógico que o que você pensa ou faz não modifica o humor de Deus; se isto acontecesse, não seria Deus.

Analisando no estrito sentido dos termos, Deus não castiga e nem recompensa.

A criação do universo e dos seres do universo deuse por obra divina. O método usado – pela ação direta ou pela ação evolutiva – não vem ao caso.

A intervenção divina ocorreu, a princípio, pela criação do universo e das Leis que regem o universo e todos os seres que nele vivem.

A criatura humana também é regida por Leis divinas e naturais, mas é livre para cumpri-las ou descumpri-las. Como, porém as Leis do Infinito não podem ser abolidas, abrogadas, fraudadas ou contraditadas, porque elas sempre agem e reagem por si mesmas, ninguém jamais escapará aos seus efeitos. Vivenciar as Leis, portanto, é o único caminho.

Cada ato criador sempre produz os resultados devidos.

À ação produz-se uma reação e a cada reação faz-se a materialização.

O Altíssimo habita o seu ser – para usarmos a linguagem do apóstolo Paulo – mas, ao criá-lo, deu-lhe o dom da liberdade. Esta qualidade consciente eleva-o, por assim dizer, à altura da Divindade, pois pela liberdade você determina o que faz, como faz e quando faz.

Deus, que é comunhão com você, age em você através de você. Se as coisas vão mal, ao invés de xingar a Deus, veja onde você está errando.

É aí que, pela liberdade, todo ato se torna humano, isto é, da exclusiva responsabilidade do ser humano e não do ser divino.

Deus, que é comunhão com você, age em você através de você.

Se as coisas vão mal, ao invés de xingar a Deus, veja onde você está errando.

NÃO HÁ CASTIGOS

Posso exemplificar com a Lei de Causa e Efeito.

Toda causa produz o efeito decorrente. Não há, pois, castigos e nem recompensas. Há, isto sim, efeitos, resultados, consequências.

As palavras castigo, pena, carma, podem ser substituídas com vantagem pelo vocábulo consequências. Penso que o termo consequência explica melhor a imputabilidade do ato humano.

A palavra castigo pode até fazer alguém supor que Deus está sendo injusto, ao passo que quando se fala em consequência, em efeito, percebe-se a inter-relação perfeita e consentânea entre o ato praticado e os resultados do mesmo.

Falava-se muito em castigo porque todo o mal produz os efeitos do mal, que são os sofrimentos, as doenças, as desgraças. Como uma coisa não era ligada à outra, concluía-se que se tratava de castigos divinos. Se, por exemplo, acontecia um terremoto, que destruía totalmente um bordel, dizia-se que era castigo de Deus. Se era castigo, por que o terremoto destruiu também a igreja daquele povoado?

No reino de Deus não há injustiça. Sempre vigora, para tudo e para todos, a Lei de Causa e Efeito.

Se você vive eternamente nervoso e irritado, as hipertensões, as úlceras, o enfarte, a pressão alta, não são castigos de Deus, mas consequências daquelas atitudes.

> *No mundo de Deus não há injustiça. Sempre vigora, a Lei de Causa e Efeito.*

Se você vive alegre, feliz, bem-humorado, positivo, otimista, sua saúde não é recompensada e sim efeito desta atitude mental. A mente age e o corpo reage de acordo.

A toda ação mental, seja alegre ou triste, agradável ou desagradável, positiva ou negativa, justa ou injusta, otimista ou pessimista, de amor ou de ódio, de calma ou de nervosismo, de riqueza ou de miséria, de felicidade ou de desgraça, de paz ou de aflição, de sucesso ou de frustração, de ânimo ou de desânimo, de retidão ou de corrupção, de sensatez ou de insensatez, segue-se o resultado correspondente.

Não há bruxarias, nem azares, nem injustiças, nem castigos, nem sorte, nem acasos, nem fatalismo, nem destino, que determinem a vida de uma pessoa, mas sim consequências, resultados de comportamento, de ação mental, de atitudes.

A vida humana se rege na mente através do poder criador do pensamento.

O pensamento, sob a forma de ideia, ou de imagem, ou de desejo, ou de crença, ou de hábito, ou de fórmula, ou de meditação, ou de contemplação, ou de oração, ou de palavra, enfim sob qualquer forma, é um ato criador que vai gerar a realidade do seu próprio conteúdo.

Você pode pensar o bem e pode pensar o mal; pode pensar sucesso e pode pensar fracassos; pode pensar êxitos e pode imaginar prejuízos; pode pensar amor e pode maquinar ódios; pode pensar paz e pode arquitetar guerra; assim por diante. Ao pensamento segue-se a reação do subconsciente; à reação segue-se a ação; e à ação segue-se a materialização.

Você é o que pensa, em última análise.

Você é o que pensa, em última análise.

Agora fica claro que você é o único autor da sua vida.

Se a sua vida vai mal, ao invés de imaginar um Deus castigador, examine-se para descobrir em si mesmo a causa desta situação.

É claro que não é só o pecado, segundo a linguagem da religião, que produz resultados maléficos, mas todo pensamento, desejo ou ato negativo.

Certa vez, veio procurar-me uma senhora muito deprimida e adoentada.

Contou-me sua história. Dirigia seu carro corretamente, na faixa certa da estrada, na velocidade certa, atendendo normalmente a todos os sinais de trânsito, quando, de repente, surgiu uma criança correndo e não houve maneira de evitar o acidente, que acabou por tirar a vida daquele menino de quatro anos.

A mulher ficou desconsolada, inconformada com a desgraça. Já não se alimentava normalmente e nem dormia o sono necessário. Não se perdoava pelo ocorrido: "Por que foi acontecer isso comigo?!" Entrou em depressão. Como consequência, o organismo também adoeceu. Estava péssima, quando me procurou.

O que lhe acontecia era simplesmente resultado dos seus pensamentos.

- Eu não tive culpa nenhuma – exclamava ela – então, por que Deus me castiga desta maneira?

Expliquei-lhe que não se tratava nem de culpa, nem de pecado e nem de castigo. Seus sofrimentos e depressão eram apenas resultado da Lei de Causa e Efeito. Não era Deus que a castigava e muito menos o espírito da criança, ou então o possível ódio dos pais dela. O que acontecia na sua mente, no seu corpo e na sua vida, era nada mais do que efeito dos seus pensamentos, sentimentos e emoções.

Quem era o autor dos seus pensamentos, sentimentos e emoções? Tão somente ela. Não havia que buscar causas fora de si.

- O que devo fazer?

- Perdoar.

- Perdoar significa desligar o mal da mente. Enquanto

você mantiver o acidente na sua cabeça, com todas as considerações negativas e deprimentes, sua saúde mental e física tornar-se-á cada vez mais abalada. O subconsciente não distingue entre a realidade do acidente e a imagem do mesmo que hoje você carrega na mente. Como não distingue, para o seu subconsciente é como se você estivesse permanentemente praticando o acidente, com os consequentes reflexos negativos na sua vida interior e exterior. Perdoar é o melhor método de cura. Liberte sua mente dessas imagens do acidente; liberte a criança, deixando-a com Deus; liberte os pais dela e todos os que estejam perturbando você. Fique livre de todo o mal e de todas as imagens deste mal. Isto é perdoar. O perdão é a cura. Liberta na mente, você passará a dormir bem, a alimentar-se bem, a sentir-se bem. O cérebro reagirá saudavelmente aos impulsos mentais alegres e positivos, liberando hormônios benéficos, como a endorfina, e fortalecendo o sistema imunológico.

Veja você: a uma sucessão de causas, produziu-se uma sucessão de efeitos.

Deus, que habita o seu íntimo, é seu parceiro e não seu carrasco.

Deus é o Bem que habita o seu ser, mas deu-lhe a liberdade de optar pelo mal.

Deus é o Poder Infinito existente no seu subconsciente, mas deu-lhe a liberdade de usar o Poder também para a sua desgraça.

Deus é a sua Fonte inesgotável de tudo o que é benéfico, mas deu-lhe a possibilidade de manter a Fonte fechada.

COMO DEUS AGE EM VOCÊ

Alguém perguntou:

- Se Deus está em nós, então nós somos Deus?

Homem é homem, Deus é Deus.

Deus habita o espírito de todos os seres humanos e concede-lhes o seu Poder. Quem, no entanto, usa o Poder é o homem e não Deus.

Como é o homem que usa o Poder divino, este Poder é limitado pelas dimensões humanas. Explico que o Poder de uma pessoa é infinito, quer dizer que é tão infinito quão infinita possa ser a capacidade humana. Como a capacidade humana é limitada, trata-se do infinito relativo.

Há aqueles que supõem que Deus age em nós livremente, como quer e quando deseja.

Tal consideração teológica leva às seguintes conclusões:

- O homem pede e Deus atende se quiser.
- Deus concede livremente a sua graça, de tal forma que uma pessoa é boa e feliz pela graça divina e outra é má e desgraçada porque não aprouve a Deus agraciá-la.
- Deus age livremente no ser humano: castiga ou recompensa aleatoriamente.
- Se o homem pede algo que Deus sabe que lhe será

prejudicial, vai negar o atendimento.

- Se o homem sofre, deve resignar-se, porque esta é a vontade divina.

- Se acontecem desgraças para uma pessoa boa e honesta, sente-se no direito de acusar a Deus de cruel e injusto.

Nada disso tem fundamento, porque o homem não é robô de Deus. Se Deus agisse no ser humano a seu bel-prazer, este nada mais seria que efeito de Deus. Isto é determinismo.

Não sendo livre nos seus pensamentos e ações, o homem também não seria responsável por sua vida.

Se o homem não fosse autor de sua vida, não seria responsável por ela.

Se o homem não fosse autor da sua vida, falar de causa e efeito, castigo e recompensa, merecimento e não merecimento, não teria sentido. E a crença de céu e inferno seria injusta e tirânica.

Não é que Deus não tenha poder de agir como quiser. Significa apenas que criou Leis sábias, justas e equânimes, através das quais é regido o universo e toda a vida existente no universo.

A explicação coerente e lógica está em que Deus habita o ser humano e concede-lhe o Poder, que é usado livremente.

O princípio é este: Deus, que habita o seu ser, só age em você através de você.

Na verdade, Deus poderia agir sobre você independentemente de você, mas não o faz, porque mantém o direito à liberdade que concedeu ao ser humano.

Deus, pois, é sempre a sua resposta.
A você pertence o pedir – a Deus o dar.
Todo o pedir já contém o receber.
A um pedido verdadeiro, unívoco, corresponde um receber infalível.
O pedir ou o orar é o verso da medalha e o reverso é o receber.

Deus, pois, é sempre a sua resposta.

A você pertence o pedir – a Deus o dar.

Todo o pedir já contém o receber.

A um pedido verdadeiro, unívoco, corresponde um receber infalível.

O pedir ou o orar é o verso da medalha e o reverso é o receber.

Não há pedido feito com fé que não tenha a resposta de acordo.

Esta é a maneira pela qual Deus sempre age no indivíduo.

Foi isto que Jesus ensinou:

- Pedi e dar-se-vos-á, porque todo aquele que pede, recebe.

Segundo Jesus, não há nenhuma possibilidade de que Deus falhe.

Deus é uno com a pessoa, por isso a palavra humana

é a palavra de Deus. E a palavra de Deus contém o Poder criador.

DEUS NO SEU SECRETO

O Mestre revelou, certa vez:

- Tu, porém, quando orares, entra no teu aposento, fecha a porta e ora a teu Pai às ocultas; e teu Pai, que vê o que é oculto, te há de atender.

Quando você vai entrar em contato com o Pai, com o Deus imanente, com o Poder Infinito, com a Presença Divina, com a Sabedoria Interior, entre na morada interna do Altíssimo, feche a porta ao contato exterior e fale ao Pai celestial. O Pai, que vê e ouve o oculto (o pensamento, a palavra interior), o atenderá.

Você é unidade indissolúvel com Deus.

COMUNHÃO DE VIDA COM DEUS

Onde quer que você esteja, Deus estará também, porque Ele é em você.

A bíblia consagrou esta verdade: “Porque dele, nele e por ele existem todas as criaturas”.

Se você vai dormir, o Pai está com você; se vai viajar, Ele viaja com você; se está a perigo, Ele está com você; se ameaçam-no, Ele está sendo ameaçado com você e espera sua ordem para protegê-lo; se você está solitário, Ele está com você; se você está enfermo, Ele está em você.

Não o busque fora.

Em qualquer situação, principalmente as difíceis, entre no seu aposento interior e chame por seu Divino amigo e confidente, pedindo proteção e solução.

Como diz a bíblia, assim revelou Deus: "Ao ser invocado, eu ouvirei e atenderei".

Já o profeta Isaías mencionava a maravilha dessa interação com Deus: "Antes que eles clamem, eu os ouvirei; estando ainda a falar, eu os atenderei".

Não se imagine grão de areia, mas filho do Infinito.

Eis a descoberta mais fantástica.

Agora você não é mais um minúsculo grão de areia ou um ser carregado pelas ondas incontroláveis da vida: você tem Deus em si. Esta Presença eleva-o às dimensões do infinito.

Sinta-se grande, porque Ele é grande.

Sinta-se o sol, porque Ele é o sol.

Sinta-se protegido, porque Ele é a proteção.

Sinta-se poderoso, porque Ele é o Poder.

Sinta-se guiado divinamente, porque Ele é a Sabedoria.

Você tudo pode, porque Ele tudo pode.

COMUNHÃO DE AMOR COM DEUS

Somente o amor poderia levar Deus a uma unidade com você.

Você, porém, precisa conscientizar-se desse amor e sintonizá-lo.

Sua comunhão de amor com o Pai interior resultará em felicidade e em obras boas, benéficas, positivas e abundantes.

Quando não existe esta consciência, as coisas se complicam.

Diz o evangelho de João: "Mas os homens amaram mais as trevas do que a Luz, porque suas obras eram más".

A prova de que amaram mais as trevas são as obras. Estas são efeitos negativos resultantes de causa negativa. Aí está a razão porque existe tanto mal e tanto sofrimento no mundo. Falta a comunhão de amor entre o indivíduo e o Pai que habita o seu interior. Tendo a Luz, vivem nas trevas e as consequências são trevas.

Continua o evangelho de João: "Quem pratica a verdade chega-se à Luz, para que se manifeste que suas obras são feitas em Deus".

Quem está na Luz, está em Deus, portanto suas obras são feitas em Deus.

Quem está nas trevas, tem Deus em si, mas está desligado de Deus.

Chegou a hora de festejar esta grande descoberta de que você é comunhão com o Pai e que, através do Pai, você tudo pode.

Assim ensinou o Mestre: “Tudo o que pedirdes ao Pai, em estado de oração, crendo que haveis de alcançar, alcançareis”.

O estado de oração coloca a pessoa em comunhão consciente com o Pai interior. Nesta comunhão consciente reside o poder milagroso de cada um.

O sentimento desta comunhão com o Pai resulta no mais profundo e duradouro sentimento de amor.

Você é comunhão de amor com Deus.

CAPÍTULO 10

Conheça o outro lado do ser humano

O famoso dramaturgo inglês William Shakespeare (viveu de 1564 a 1616), na sua obra Hamlet (1, cena 5), escreveu: "Há mais mistérios entre o céu e a terra do que pode supor a nossa vã filosofia".

O autoconhecimento implica alcançar também os aspectos estranhos e fantásticos da vida humana.

Há muito tempo que se fala em fenômenos como clarividência, telepatia, precognição, adivinhação, levitação, materialização, curas paranormais e espirituais, aparições, visões, premonições, aportes, casas assombradas e coisas do gênero.

O homem sempre sentiu-se fascinado por este outro lado do mundo, tido como misterioso e fantástico.

Pessoas que realizavam fenômenos, ou desencadeavam forças desconhecidas, eram tidas e havidas como santas, ou como bruxas, ou como paranormais, ou como tomadas por espíritos desencarnados.

Desde tempos imemoriais, tudo o que fugia a uma explicação lógica, era jogado no campo de poderes divinos ou diabólicos.

Em eras remotas, o que não chegava ao alcance da mente analítica, era atribuído a forças do além. Por exemplo: raios, trovões, enchentes, colheitas, ventos. Havia um deus ou uma deusa para cada situação desconhecida.

Houve época em que as doenças eram consideradas espírito do mal, daí a necessidade de exorcismos e rituais religiosos.

Markus Plessner, em seu livro "O Homem, Seu Corpo e Seu Espírito", escreveu: "O panorama ideológico dos médicos primitivos estava totalmente dominado por representações mágicas e supersticiosas. Considerava a doença um demônio que era preciso exorcizar. Quando isso não era possível por meio de ritos mágicos, recorria-se a uma incisão no corpo, por exemplo na cabeça, para que o diabo saísse. Já foram encontrados, em depósitos da Idade da Pedra, crânios perfurados artificialmente. Mesmo na Idade Média, curandeiros desse tipo andavam de um lado para outro praticando operações semelhantes para aliviar os "possessos", como vemos num quadro de Hierônimus Bosch".

Segundo esse autor, já na era pré-histórica, graças a essa crença se praticavam as mais complicadas operações de crânio. Usando-se apetrechos de sílex, abria-se um orifício redondo na abóbada craniana para permitir a saída do espírito da doença.

Hipócrates, que viveu na Grécia, do ano 460 a 375 antes de Cristo, foi considerado o pai da Medicina. Seu desempenho marca o fim da era místico-mágica e o início da observação dos fatos clínicos.

Depois dele, a Medicina avançou muito no conhecimento do corpo, das funções dos órgãos, das glândulas, do cérebro, do sistema imunológico, do sangue, dos hormônios, enfim do organismo como um todo.

Hoje, no campo das curas, surgem fenômenos como o caso Zé Arigó, (falecido), Queiroz (falecido) e outros, que incorporavam o espírito do Dr. Fritz, praticando cirurgias sem anestesia, sem desinfecção e com os aparelhos mais rudimentares, como simples canivete ou faca comum.

Também ocorrem inúmeros casos de pessoas que diagnosticam doenças por vidência ou por sensitividade, ou seja, fora dos padrões normais da Medicina tradicional.

Há, ainda, processos de curas por placebos, por chás inofensivos, por rituais, por orações, por invocações espirituais.

Na grandeza do ser humano, a explicação dos fenômenos.

Dentro do campo da precognição, surgem batalhões de clarividentes, cartomantes, quiromantes, sensitivos, médiuns, que, espontaneamente ou entrando em nível de transe por meio de bola de cristal, búzios, cartas, cabala, rituais, enfim por qualquer forma, buscam revelar a vida passada, presente e futura do indivíduo e dar respostas a perguntas e dificuldades da vida.

Impressionam por demais os fenômenos bastante comuns no Brasil em que aparece fogo espontâneo, que queima roupas; em que objetos se movimentam de um lado para outro, sem serem impelidos por mão humana ou por meios mecânicos; em que objetos de tamanho regular atravessam paredes ou geladeiras.

Albert Einstein:
O ser humano é parte do todo a que dominamos "universos". Ele vivencia a si próprio, seus pensamentos e sentimentos como algo separado do resto - uma espécie de ilusão de ótica de sua consciência. Essa ilusão constitui um tipo de prisão para nós, que nos restringe a nossos próprios desejos e à afeição por umas poucas pessoas mais próximas de nós. Nossa tarefa deve ser a de nos libertarmos dessa prisão, ampliando nosso círculo de compaixão até abranger todas as criaturas vivas e a natureza em seu esplendor.

Acontecem casos de pessoas ouvirem batidas na porta ou na janela da casa e não encontrarem ninguém do lado de fora.

Há os conhecidos casos de psicografia, psicopictorigrafia, em que um sensitivo recebe uma mensagem automática e a transcreve em forma literária ou de pintura.

São conhecidos fatos de pessoas que falam línguas, em certos momentos de estado alterado de consciência, idiomas que, supostamente, nunca aprenderam e dos quais sequer ouviram falar.

Você provavelmente conhece alguém que descobre objetos perdidos ou roubados; que, através de uma forquilha de pessegueiro, determina o local onda há água no subsolo; que levanta pesos acima da sua capacidade normal...

Fala-se de santos e pessoas comuns que, ainda vivos, estando num lugar, apareceram ao mesmo tempo em outro lugar para cumprirem uma determinada missão: é o caso das bilocações.

Quem não ouviu falar de pessoas mortas que apareceram, como se ainda estivessem vivas, para levar um recado ou um pedido a alguém?

Estão em moda também as chamadas "viagens astrais", em que uma pessoa supõe deixar o corpo e sai voando em viagem para algum lugar, até retornar ao corpo, quando termina o fenômeno.

As revelações através de sonhos sempre deram muito que falar.

O QUE CONTA A BÍBLIA

Folheando as páginas da bíblia, vê-se um grande número de fenômenos atribuídos a poderes naturais e sobrenaturais.

Para dar-lhe alguns exemplos:

Moisés abriu as águas do Mar Vermelho para que o povo eleito o atravessasse a pés enxutos; bateu com uma vara na rocha e brotou água.

Sansão atribuía sua força descomunal ao tamanho da sua cabeleira: ao ser-lhe cortada a cabeleira, perdeu temporariamente a força.

Josué fez parar o sol, para que, com o prolongamento do dia, pudesse tomar a cidade de Jericó.

Elias ressuscitou o filho de uma viúva; e fez chover quando a chuva se fazia muito necessária.

Quando certa viúva foi ter com o profeta Eliseu, queixando-se das privações, das dívidas e das ameaças de um credor, o profeta perguntou o que é que ela tinha em casa.

- Apenas um vaso de óleo – respondeu ela.

Eliseu mandou que derramasse o óleo desse vaso em todas as ânforas e vasilhas que tivesse em casa e ainda que pedisse emprestadas as dos vizinhos.

Assim fez a mulher. E somente parou de jorrar óleo daquele vaso quando acabaram as vasilhas.

Disse, então, Eliseu:

- Vai, vende esse óleo e paga tua dívida e viverás, tu e teus filhos, do que restar.

Muitos outros fatos extraordinários são narrados na bíblia. Isto sem falar dos inúmeros relatos milagrosos descritos nos evangelhos e nos Atos dos Apóstolos.

AS INCOMENSURÁVEIS DIMENSÕES HUMANAS

Todas as maravilhas e fenômenos que aconteceram e acontecem, mostram que o ser humano é muito mais e pode muito mais do que imagina nossa vã filosofia.

Como escreveu J.B.S. Haldane: "A verdade não é apenas mais estranha do que você imagina; é muito mais estranha do que você possa imaginar".

Há uma dimensão na pessoa que ainda está por ser descoberta e utilizada convenientemente.

Michael Faraday era físico e químico inglês, que viveu de 1791 a 1867. Foi considerado o mais ilustre representante da ciência experimental no século XIX.

> *Nada é espantoso demais para ser verdade.*
> *(Faraday)*

Quero apenas citar uma frase dele: "Nada é espantoso demais para ser verdade".

Raymond Aron escreveu: "A totalidade das causas que determinam a totalidade dos efeitos, ultrapassa o entendimento humano".

Na verdade, quem pensa ter todas as respostas, por certo não se fez todas as perguntas.

Se no mundo da natureza há tantas maravilhas incríveis, como o estranho fenômeno de uma melancia de casca verde produzir miolo vermelho e semente preta, imagine você a dimensão estonteante dos fenômenos que podem ocorrer no universo incomensurável do ser humano.

O cientista Albert Einstein, em certo momento de seus estudos, tomou-se de tanta perplexidade diante deste universo fantástico, que comentou: "Um pensamento que às vezes me perturba: o louco sou eu ou são os outros?"

Se os impossíveis e os improváveis não fossem desafiados, o mundo jamais evoluiria.

Quando não se admite o impossível, está-se diminuindo os espaços da verdade cósmica.

Mas, não se pode apressar o mar. Tudo tem sua hora. Esta, no entanto, está chegando, ou melhor, já chegou.

Se os impossíveis e os improváveis não fossem desafiados, o mundo jamais evoluiria.

Jesus, demonstrando ser profundo conhecedor da verdadeira potencialidade da criatura humana, revelou que há uma dimensão ainda desconhecida no homem. E abriu o véu do mistério, afirmando:

"Aquele que tiver fé, fará as obras que eu faço e fará obras maiores que estas".

O Poder, portanto, é inerente ao ser humano. Não há que se buscar fora o que existe dentro de cada um.

E o Mestre continuava insistindo:

"Tudo o que pedirdes ao Pai, em estado de oração, crendo que haveis de alcançar, alcançareis".

Buda recomendava:

"Seja uma luz para seus próprios pés e não procure encontrar-se fora de você mesmo".

U.S. Andersen, em seu livro "O Poder da Energia Mental", escreveu: "O caminho para o poder está dentro de você".

PRIMEIRA VERDADE: O FENÔMENO EXISTE

Seria total falta de bom senso e inteligência negar a existência de fenômenos extraordinários na vida humana. Atualmente, ninguém mais nega a possibilidade do fenômeno. Pode-se, isto sim, entender que este ou aquele fato seja fraude ou magia. Mas, a Parapsicologia, que é a ciência que estuda os fenômenos da paranormalidade, admite a existência de casos extraordinários e que fogem ao normal da vida.

Pode-se discutir a veracidade do fato, mas a possibilidade ninguém duvida.

A grande encruzilhada reside na interpretação dos fenômenos.

QUEM REALIZA O FENÔMENO

O centro do fenômeno é a pessoa. Mesmo que se admita que o fato seja provocado por espírito desencarnado, ou por santos, ou por Deus, ou pela força de algum indivíduo, sempre tem como centro da ação uma pessoa.

Por exemplo, alguém que tenha invocado Jesus Cristo para sua cura e a tenha alcançado, na verdade ele é o autor do pedido e o resultado do mesmo.

O pai-de-santo que receba, porventura, um espírito, através do qual avisa que o fulano de tal está com câncer, o autor e o resultado do fenômeno de cognição é o próprio pai-de-santo.

Alguma senhora que faça psicografia, ela é o centro da ação psicográfica.

A vidente que faz as revelações ao consulente, ela é o centro da ação reveladora.

Os fenômenos da mediunidade ocorrem através do médium.

O ser humano, pois, em qualquer hipótese, é o centro ou o canal do acontecimento paranormal.

A Parapsicologia afirma que os fenômenos são praticados pela mente humana.

O Espiritismo e religiões afins creem que muitos fenômenos são realizados por espíritos desencarnados.

As igrejas cristãs entendem que há milagres causados pela oração a Deus ou a santos. Mesmo assim, o centro do milagre, neste caso é aquele que fez a invocação.

Jesus afirmou: "Quanto ao poder, quem tem fé, tudo pode". Quem tem fé.

Segundo o Mestre, o Poder é inerente ao ser humano.

A Parapsicologia também atribui ao potencial humano a causa de todo tipo de fenômenos.

A ciência do Poder da Mente ensina que tudo o que a gente pode pensar e imaginar, pode realizar.

Segundo a ciência do Poder da Mente, o subconsciente detém todo o conhecimento de todos os acontecimentos, de todos os procedimentos, de todos os comportamentos, de todas as pessoas, de todo o universo, do passado, do presente e do futuro. Portanto, tudo o que todas as pessoas do mundo sabem, qualquer pessoa sabe. Este conhecimento está nos arcanos da mente subconsciente.

Clarividência, telepatia, clariaudiência, transmissão de pensamentos, precognição, premonição, acontecem quando o conhecimento existente na mente subconsciente passa para a mente consciente. Há pessoas que têm esses canais de intercomunicação mais abertos: são os videntes, os paranormais, os sensitivos, os médiuns.

Com a capacidade de clarividência (ver pela mente), alguém pode ver através da mente o que se passa na vida de uma pessoa ou em qualquer recanto do planeta. Isto explica outro montante de fenômenos.

Segundo a Parapsicologia, a mente pode desencadear forças físicas que projetam objetos de um lado para outro. Pode ainda fazer passar pelos ínfimos espaços existentes entre os átomos e moléculas de um corpo físico (um objeto), um outro objeto que age através de impressionantes contrações físicas, embora ambos não sejam normalmente interpenetráveis. É o que acontece com objetos que atravessam paredes ou geladeiras.

A mente pode retirar a matéria de um lugar e fazê-la chegar a outro. São os fenômenos de materialização.

Na bilocação, também pode se dar o fenômeno de a pessoa transportar-se mentalmente, corporificada por bioplasma, para outro lugar, fazendo-se presente lá, embora o seu ser real continue no mesmo lugar.

Tudo o que o subconsciente aceita como verdade, executa. Daí que qualquer ordem transmitida ao subconsciente, com fé, ou seja, sem dúvidas, medos e descrenças, obrigatoriamente acontece. Não importa se o objeto da fé, que aciona o subconsciente, é verdadeiro ou falso. O resultado é o mesmo.

Como escreveu Eliphas Levy: "O pensamento humano cria aquilo que pensa".

Se o pensamento vier em forma de imagem, a força se torna irresistível, porque a mente subconsciente não distingue entre imagem e realidade. Já que não distingue entre imagem e realidade, para o subconsciente a imagem é a própria realidade.

Aqui, quem sabe, podem ser explicadas as visões, as alucinações, as incorporações, as possessões, os encostos e outros fenômenos semelhantes.

Num lugar, por exemplo, onde jamais se tenha ouvido falar em diabo, o fenômeno da possessão nunca ocorrerá. Porque não existe esta imagem na mente subconsciente.

Na Idade Média, era frequente o fenômeno, pelo medo do diabo que se infligia aos cristãos.

Aqui no Brasil, atualmente, há seitas que incutem fortemente a ideia de possessão e as pessoas sensitivas e fracas mentalmente assumem essa imagem, passam-na ao subconsciente e este reage de acordo.

Joseph Murphy escreveu, num dos seus livros: "Você se transforma naquilo que imagina ser".

O grande sábio Salomão dizia: "Porque assim como imaginou na sua alma, assim é".

Há dementes que se imaginam, por exemplo, Napoleão Bonaparte. O fato decorre da fixação mental da imagem do general francês na mente subconsciente. A imagem, e não a entidade, apossa-se da pessoa e esta age como se fosse o próprio Napoleão.

Você é o que pensa.

Quando um parapsicólogo, ou padre, ou pastor, ou médium, consegue impor a essas pessoas a ideia da libertação da obsessão, principalmente com a força sugestiva de algum ritual impressionante, sucede a libertação.

Isto não prova, por si, a veracidade da possessão, mas o efeito da sugestão.

A FORÇA DA SUGESTÃO

Se uma pessoa está sugestionada, ou com obsessão, ou com fixação, ou hipnotizada – a ideia incutida na mente torna-se verdade para ela.

Suponhamos que eu hipnotize alguém e sugestione que não consegue pegar o lápis que está em cima da mesa, porque este é pesadíssimo, tremendamente pesado, com um peso de trezentos quilos – ele não conseguirá erguer o lápis, por mais leve que seja na realidade. O que existe na mente do hipnotizado é apenas o lápis de trezentos quilos e, por mais esforço que faça, não conseguirá levantá-lo. O lápis é leve e esguio como qualquer desses que você conhece, mas a pessoa sugestionada só vê aquilo que lhe é sugerido.

Uso esta comparação para mostrar que uma pessoa sugestionada de que está possessa ou de que tem o espírito do falecido avô – a imagem toma posse da mente subconsciente e expressa-se como se assim fosse de verdade.

Eis porque a interpretação do fenômeno se torna tão difícil.

É, de fato, o espírito de um falecido que está interferindo ou é a imagem do falecido, fixada na mente do médium, que está funcionando como entidade?

Eu tenho o maior respeito pelas crenças das pessoas, até porque não me considero dono da verdade. Onde a ciência não alcança, sobra espaço para as hipóteses e para as crenças. Acontece, porém, que muitas coisas que eram hipóteses há duzentos anos, hoje são verdades científicas; e pode ser que certas crenças de hoje recebam definição científica diferente daqui a alguns anos. Assim como algumas verdades consideradas científicas também já se tornaram superadas.

Há, por outro lado, fatos que perturbam as verdades científicas, como é o caso das pessoas caídas nas águas geladas dos mares polares e, graças às forças interiores, conseguiram ultrapassar, em muito, o tempo em que poderiam permanecer vivas. E se salvaram.

A FÉ É A GRANDE FORÇA MILAGROSA

Disse Jesus: "Tende fé em Deus. Em verdade vos declaro que se alguém disser a este monte: Sai daqui e lança-te ao mar; e se não duvidar em seu coração, mas crer firmemente na realização da sua palavra – há de acontecer assim mesmo. Por isso vos digo: Crede firmemente que recebereis tudo quanto pedirdes na oração – e ser-vos-á dado".

Aí está a revelação de que existe um canal de força que transcende o natural. Esta força irresistível não se detém diante de nenhuma barreira, nem mesmo diante do impossível aos olhos da lógica objetiva.

Inúmeras curas e soluções inesperadas ocorrem quando se aciona esta força interior, que também faz parte da dimensão humana.

Não conhecer o poder da fé é desconhecer o que há de mais fantástico no ser humano.

Conhece-te e conhecerás o teu Poder – eis o título deste livro.

SENSITIVOS E MÉDIUNS

O que um ser humano pode, todos podem.

Os dons naturais e sobrenaturais, sensoriais e extrassensoriais, normais e paranormais, que porventura existam numa pessoa, potencialmente existem em todas as pessoas.

Não conhecer o poder da fé é desconhecer o que há de mais fantástico no ser humano.

Todo o indivíduo tem o poder da fé.

Todo ser humano é paranormal e tem os dons da clarividência, da telepatia, da precognição, da transmissão de pensamento, da bilocação, da levitação, de hiperestesia, da premonição e tudo o mais.

Qualquer pessoa possui o dom da cura pela imposição das mãos.

O que alguém pode, todos podem. Significa que certos dons e capacidades mentais não são privilégios de alguns dotados ou sensitivos ou médiuns – mas de toda a humanidade.

Jesus, por exemplo, nunca disse: Bem-aventurados aqueles a quem Deus deu o poder da fé e os dons do Espírito Santo. Pelo contrário, falou muito claro que todo aquele que pedir com fé, receberá.

- Quanto ao poder – disse ele – quem tem fé TUDO pode.

- Por que – perguntará você – somente algumas pessoas especiais apresentam certos poderes?

A paranormalidade é, em suma, a normalidade humana.

A resposta exige ampla análise:

Primeira verdade: Todos os seres humanos são imagem e semelhança divina, seres da mesma espécie, portanto ninguém é mais e nem menos do que o outro. As capacidades, dons e potencialidades que existem numa pessoa, existem em todas as pessoas.

Certa vez, participei de um Congresso Internacional de Parapsicologia e Psicotrônica, em São Paulo, e um dos conferencistas disse, a certa altura: "A paranormalidade, na verdade, é a normalidade do ser humano".

Portanto, todos têm, potencialmente, todos os dons interiores.

Segundo ponto: Há pessoas que têm naturalmente abertos os canais mentais da clarividência, da precognição, da cura ou de qualquer outro dom ou conjunto de dons. Dentre estas, algumas sabem que são sensitivas, outras ignoram e ficam preocupadas com as coisas estranhas que acontecem com elas. Chegam até a fazer tratamento psiquiátrico, supondo que seja alguma doença nervosa ou indício de problema mental.

Terceira colocação: Há indivíduos que, através de exercícios, abrem os canais extrassensoriais ou paranormais, desenvolvendo cada vez mais seus dons.

Quando um dotado faz da sua especialidade seu meio de vida, apresenta-se com o título que o caracteriza, como, por exemplo: vidente; cartomante; pai-de-santo; curandeiro; mãe-de-santo; médium; sensitivo; psicógrafo...

Geralmente dá-se o nome de sensitivo a todo indivíduo dotado de algum dom extrassensorial ou paranormal, seja espírita, católico ou sem religião.

Médium é o nome dado normalmente à pessoa que considera que seus dons advêm da religião ou da interferência de espíritos desencarnados. Mediunidade, pois, é palavra vinculada ao espiritismo, umbanda, candomblé e afins.

COMO AGIRÁ O SENSITIVO

Sensitivo, como diz a palavra, é alguém muito sensível. Mas, a sensibilidade pode ser conduzida para o bem e para o mal, para cima e para baixo, para levantar o astral e para baixá-lo, para a fé e para o desespero, para a alegria e para a depressão, para a vida e para o suicídio.

Tire proveito da sensitividade.

O sensitivo positivo e alegre é pessoa cheia de alta energia, que não só se eleva como eleva os outros.

O sensitivo negativo afunda gravemente na depressão, na fixação ou no desânimo.

Que fazer?

O sensitivo, o médium, procure sempre cultivar ânimo alegre, pensamento positivo, fé e otimismo; ligue-se nos evangelhos, na bíblia, nos livros de mensagens positivas; faça mentalizações que signifiquem paz de espírito, força interior, fé, felicidade, alegria.

Com estas forças benéficas, jamais alguém será puxado para o fundo do poço, como acontece com tantos sensitivos deprimidos, negativos, pessimistas.

Preste atenção quando você encontrar indivíduos fora de si, caídos na estrada da vida, desesperados: geralmente são sensitivos afundados pela própria sensibilidade negativa. Estes fazem de uma ofensa, uma tempestade; de um fracasso, o fim do mundo; de um desamor a escuridão total.

O sensitivo positivo e cheio de fé tem muita energia boa e, por isso, pode ajudar seus semelhantes.

Um conselho: quem realiza seus trabalhos espirituais e atendimentos em estado de transe, fechado em quarto estreito, às vezes iluminado por velas, precisa fazer muito exercício de respiração ao ar livre, porque nesse tipo de trabalho é consumido muito oxigênio do organismo, que é reposto precariamente, uma vez que está em quartinho fechado cujas velas acesas estão queimando o oxigênio do ambiente. Outras pessoas presentes também queimam o oxigênio da sala.

Uma outra questão a colocar é que a pessoa, que entra frequentemente em transe, pode condicionar a mente subconsciente a desencadear este tipo de fenômeno de forma espontânea e descontrolada. Já vi pessoas com esse problema.

Você deve comandar conscientemente todas as ações subconscientes. O cavaleiro nunca seja dominado pelo cavalo. A mente consciente, objetiva, racional, analítica, deve sempre comandar a subconsciência.

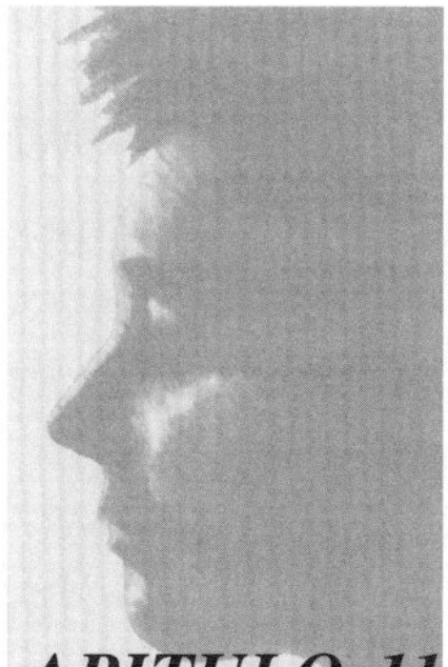

APITULO 11

Grande é o ser humano

Quanto mais estudo e contemplo a dimensão fantástica das possibilidades humanas, mais reverencio o autor de tal façanha: Deus.

Muitos pensam prestar serviço à Verdade negando todo e qualquer tipo de fenômeno. Acham que a vida não vai além do feijão e arroz de cada dia. O que transcende aos tradicionais hábitos e costumes, para eles é mistificação. Estes consideram que o tamanho dos seus conhecimentos é a medida de Deus, do universo e da ciência.

Para eles, cai bem uma frase de Ibn Aira: "Grande é o infinito; maior que o infinito é Deus, que o criou; maior que Deus é a estupidez dos homens que não o compreendem; maior que a estupidez, é o cérebro humano que domina o estúpido, concebe Deus e limita o infinito".

Outros põem em tudo forças estranhas e misteriosas, vivendo num mundo sem chão firme.

Vale aqui o axioma: Não há opiniões e crenças superiores à verdade.

O ser humano é um universo inimaginável. Suas fronteiras são como o horizonte: estão sempre além do que você vê.

> *O ser humano é um universo inimaginável. Suas fronteiras são como o horizonte: estão sempre além do que você vê.*

Se alguém diz que já vasculhou todo o universo humano é mentiroso deslavado ou ignorante de dar pena.

Tanto o macrocosmo exterior, quanto o microcosmo humano, ainda não estão ao alcance total do telescópio da mente consciente.

Você, que talvez se considera minúsculo grão de areia, é, na verdade, a maravilha das maravilhas. Seu mundo grandioso e ilimitado perde-se entre os espaços inesgotáveis do Poder e da Sabedoria.

- Vós sois deuses – disse Jesus.

Felizmente, neste terceiro milênio, a prioridade maior é e será a conquista da dimensão humana. Estamos na fronteira entre a realidade e a sombra.

O ano dois mil foi o marco do grande salto rumo ao destino mais alto da criatura humana.

O século vinte e um é o século da grande busca interior. Aqui acontecerão as mais estupendas e revolucionárias descobertas.

Por enquanto somos uma pálida imagem de nós mesmos.

Diz a sabedoria oriental: "O homem que não sabe e não sabe que não sabe, é um tolo: tenhamos piedade dele. O homem que não sabe e pensa que sabe, é um ingênuo: ajudêmo-lo. O homem que não sabe e sabe que não sabe, é um sábio: sigâmo-lo".

> *Admitir o impossível é limitar o espaço humano e afirmar que só existe o que é conhecido até este momento.*

Pense no princípio elementar de que o que alguém pode, você pode. Agora imagine-se detentor do poder de curar, de fazer chover, de fazer brotar água em qualquer lugar, de caminhar sobre a água a pés enxutos, de materializar sua casa, de proteger suas plantações, de realizar seu milagre de amor e felicidade, de evitar acidentes, de defender-se de todo mal, de saber conscientemente tudo o que toda humanidade sabe, de multiplicar alimentos, de transportar-se para algum lugar, de conseguir o que quiser pelo poder da palavra, de iluminar o ilimite da sua genialidade e inteligência, de saber o estado do seu corpo e de cada órgão, e por aí afora.

Impossível?

Mas, o impossível não existe.

Admitir o impossível é limitar o espaço humano e afirmar que só existe o que é conhecido até este momento.

Bendita a criatura humana, pela sua grandeza, beleza, sabedoria e poder!

Bendito o Criador do ser humano, pela infinitude da sua sabedoria, do seu poder e do seu amor!

FIM

Conheça as obras de Lauro Trevisan

Sempre auscultando os desejos de pessoas de todas as idades, e analisando as necessidades mais comuns de crianças, adolescentes, jovens, idosos, doentes, estressados, deprimidos, pessoas em plena batalha para construir seu mundo material, multidões que buscam conhecer a mensagem de Jesus e os poderes da fé, LAURO TREVISAN lançou, até abril de 2012, essas obras cujos títulos talvez possam causar-lhe interesse para alguma aquisição.

Livros são seus melhores amigos e os livros de Lauro são um diálogo carinhoso para ajudar você a superar dificuldades e ter sucesso na vida.

LIVROS

O PODER INFINITO DA SUA MENTE 1
O PODER INFINITO DA SUA MENTE 2
VOCÊ TEM O PODER DE ALCANÇAR RIQUEZAS
O PODER INFINITO DA ORAÇÃO
PODE QUEM PENSA QUE PODE
O PODER DO JOVEM
CURE-SE VOCÊ É O SEU PRÓPRIO REMÉDIO
A FÉ PODE TUDO – MITO OU VERDADE?
DÊ FIM AOS CONFLITOS DA VIDA – LIVRO-CD
O ÚLTIMO PAPA
FAÇA SUA VIDA DAR CERTO
O PODER INTERIOR
A CHAVE DO MAIOR SEGREDO DO MUNDO
CONHECE-TE E CONHECERÁS O TEU PODER
A FÉ QUE REMOVE MONTANHAS
COMO USAR O SEU PODER PARA QUALQUER COISA
PORQUE AS PESSOAS FELIZES SÃO FELIZES
FAÇA DA CRISE O SEU SUCESSO
VIVER SEM ESTRESSE – ACOMPANHA CD E CARTÃO CONTROLE DO STRESS
SEM PENSAMENTO POSITIVO NÃO HÁ SOLUÇÃO
AME OU VOCÊ MORRERÁ NO PRÓXIMO DOMINGO
LIÇÕES POSITIVAS
7 PASSOS PARA DAR A VOLTA POR CIMA
O VELHO MONGE DO CASTELO
O SEGREDO DA OUTRA VIDA
OS PODERES DE JESUS CRISTO

EXPLODA A CRISE – FAÇA SUCESSO
JESUS PSICANALISTA DE RESULTADO
OTIMISMO E FELICIDADE
VIVA VIDA
O CENTURIÃO QUE ESPIONAVA JESUS A MANDO DE PILATOS
POESIAS PARA UMA VIDA MELHOR
APRESSE O PASSO QUE O MUNDO ESTÁ MUDANDO
EU ADOLESCENTE
ABRACE A VIDA - VOCÊ MERECE SER FELIZ
HISTORIETAS DO BAÚ DO MEU CORAÇÃO
JESUS PRECURSOR E ANUNCIADOR DA NOVA ERA
COMO SE FAZ UM CRAQUE DE FUTEBOL
VIAGEM A DOIS PLANETAS
O EXPRESSO BALNESUL
VIAGEM A DOIS PLANETAS
O HOMEM SÓ

LIVRETOS

O PODER DA PALAVRA
O PODER DA FÉ
O PODER CONTRA O MAL
A ORAÇÃO QUE TEM PODER
VIRE A MESA – FAÇA A SUA VIDA
VESTIBULAR – SAIBA COMO PASSAR
FELIZ ANIVERSÁRIO
SABEDORIA DE CADA DIA

LIVROS DE HUMOR

ENCICLOPÉDIA MALUCA
RIR É O MELHOR REMÉDIO

INFANTIS

NO REINO DA PATA LECA
UMA HISTÓRIA DE AMOR
AS CRIANÇAS QUE FIZERAM O TEMPO VOLTAR
O PRÍNCIPE QUE QUERIA CASAR

CDs de Lauro Trevisan

São muitos os benefícios que a mentalização desses CDs podem realizar na sua vida. Ao ouvi-los, a mensagem é absorvida pela mente, alcança as dimensões profundas e saudáveis do seu coração, e acaba se tornando verdade na sua vida. Escolha os mais indicados para as suas necessidades, e ouça-os, um de cada vez, a fim de assimilar o conteúdo dos seus desejos. Você pode se Pensa que pode. Quanto mais profundo seu pensamento, mais força vital ele tem.

SE VOCÊ PODE SONHAR, PODE REALIZAR (MENTALIZAÇÕES)
Ref. 732

RELAX COM PROGRAMAÇÃO POSITIVA - MENSAGEM PARA O AMANHECER
Ref. 701

SEJA CALMO E VIVERÁ MELHOR (MENTALIZAÇÕES)
Ref. 702

PROGRAMA DE CURA POR MEIO DE JESUS
Ref. 703

JOVEM DE SUCESSO
Ref. 704

CRIANÇA SADIA JESUS E A CRIANÇA
Ref. 705

EM BUSCA DO AMOR MENSAGENS DE AMOR
Ref. 706

CASAL FELIZ
Ref. 707

LIBERTE-SE DO NERVOSISMO E PREOCUPAÇOES
Ref. 708

RELAX PARA GESTANTE
CONVERSANDO COM
O NENENZINHO
Ref. 709

AME E VIVA
PERDOE E SEJA VELIZ
Ref. 710

LIBERTE-SE DA INSÔNIA
DESCANSO NO LAGO AZUL
Ref. 711

PARA DEIXAR DE FUMAR /
EMAGREÇA PELA MENTE
Ref. 712

VENÇA SEUS MEDOS
SEJA SEGURO DE SI
Ref. 713

A CURA PELA MENTE
MENTALIZAÇÃO DA
SAÚDE TOTAL
Ref. 714

O PODER DA RIQUEZA
Ref. 715

ACABE COM O ESTRESSE
LIVRE-SE DA ANGÚSTIA
Ref. 716

A CURA DA DEPRESSÃO
A VIDA É UMA FESTA
Ref. 717

REALIZE SEUS SONHOS/
VOCÊ PODE (PALESTRA)
Ref. 718

CONHECE-TE A TI MESMO/
VOCÊ É COMUNHÃO
UNIVERSAL (PALESTRA)
Ref. 719

POESIAS PARA
UMA VIDA MELHOR
Ref. 720